人文社科
高校学术研究论著丛刊

自主学习能力培养下的英语教学法改革新思路

许江艳　宋晓丽　著

中国书籍出版社
China Book Press

图书在版编目(CIP)数据

自主学习能力培养下的英语教学法改革新思路 / 许江艳，宋晓丽著. --北京：中国书籍出版社，2020.11
ISBN 978-7-5068-8155-5

Ⅰ.①自… Ⅱ.①许…②宋… Ⅲ.①英语—教学法—研究 Ⅳ.①H319.3

中国版本图书馆 CIP 数据核字(2020)第 235578 号

自主学习能力培养下的英语教学法改革新思路

许江艳　宋晓丽　著

丛书策划	谭　鹏　武　斌
责任编辑	毕　磊
责任印制	孙马飞　马　芝
封面设计	东方美迪
出版发行	中国书籍出版社
地　　址	北京市丰台区三路居路 97 号(邮编：100073)
电　　话	(010)52257143(总编室)　　(010)52257140(发行部)
电子邮箱	eo@chinabp.com.cn
经　　销	全国新华书店
印　　厂	三河市德贤弘印务有限公司
开　　本	710 毫米×1000 毫米　1/16
字　　数	255 千字
印　　张	14.25
版　　次	2021 年 10 月第 1 版
印　　次	2021 年 10 月第 1 次印刷
书　　号	ISBN 978-7-5068-8155-5
定　　价	70.00 元

版权所有　翻印必究

目　　录

第一章　自主学习综述 ……………………………………………… 1
第一节　自主学习的定义与特征 ……………………………… 1
第二节　提倡英语自主学习的原因 …………………………… 6

第二章　英语教学法综述 …………………………………………… 8
第一节　英语教学法的定义与特点 …………………………… 8
第二节　英语教学法的学科体系 ……………………………… 13
第三节　英语教学法与相关学科的关系 ……………………… 14
第四节　英语教学中常用的教学法 …………………………… 19

第三章　自主学习能力培养下的英语词汇教学法改革 …………… 33
第一节　英语词汇教学综述 …………………………………… 33
第二节　英语词汇教学法改革 ………………………………… 44
第三节　提升英语词汇自主学习能力的策略 ………………… 50

第四章　自主学习能力培养下的英语语法教学法改革 …………… 58
第一节　英语语法教学综述 …………………………………… 58
第二节　英语语法教学法改革 ………………………………… 66
第三节　提升英语语法自主学习能力的策略 ………………… 73

第五章　自主学习能力培养下的英语听力教学法改革 …………… 78
第一节　英语听力教学综述 …………………………………… 78
第二节　英语听力教学法改革 ………………………………… 87
第三节　提升英语听力自主学习能力的策略 ………………… 91

第六章　自主学习能力培养下的英语口语教学法改革 …………… 102
第一节　英语口语教学综述 …………………………………… 102
第二节　英语口语教学法改革 ………………………………… 112
第三节　提升英语口语自主学习能力的策略 ………………… 115

第七章　自主学习能力培养下的英语阅读教学法改革 …………… 119
第一节　英语阅读教学综述 ………………………………… 119
第二节　英语阅读教学法改革 ……………………………… 127
第三节　提升英语阅读自主学习能力的策略 ……………… 131

第八章　自主学习能力培养下的英语写作教学法改革 …………… 140
第一节　英语写作教学综述 ………………………………… 140
第二节　英语写作教学法改革 ……………………………… 151
第三节　提升英语写作自主学习能力的策略 ……………… 155

第九章　自主学习能力培养下的英语翻译教学法改革 …………… 160
第一节　英语翻译教学综述 ………………………………… 160
第二节　英语翻译教学法改革 ……………………………… 169
第三节　提升英语翻译自主学习能力的策略 ……………… 175

第十章　英语教学法的新发展与自主学习能力评估 ……………… 179
第一节　英语教学法的新发展 ……………………………… 179
第二节　英语自主学习能力评估 …………………………… 206

参考文献 ……………………………………………………………… 216

第一章 自主学习综述

在信息化时代,信息更新的速度可以说是日新月异的。对于我们而言,想要跟上社会发展的步伐,就必须掌握科学、合理的学习方式,充分吸收最新的知识内容,保持与社会发展的同步。显然,固守学校传统教育与学习方式已然成为过去式,必须更新教学理念,让学习者充分掌握最前沿的学习方式。当前,人们都十分热衷于自主学习,因为通过自主学习,学习者可以最大限度地、自由地掌握自己想要学习的知识。因此,本章就来介绍自主学习的基本知识,涉及自主学习的定义与特征、理论依据、影响因素、提倡英语自主学习的原因。

第一节 自主学习的定义与特征

一、自主学习的定义

自主性的概念最早可以追溯到古希腊时期,是作为一个哲学概念被提出的。由于人类具有自主性,是自主的社会存在,因此才能克服自然的束缚,和自然不断进行抗争与搏斗,最终进行积极的改造满足自身的需求。

需要注意的是,人类社会中的自主性是相对于强制性、被压迫性和被压抑性来说的。自主性的存在表明人类在社会关系中的地位,表现出人类的自觉性、自为性状态,是人在改造客观世界的活动中有目的地选择支配、控制这种改造活动及其结果的能力和权利的统一。[①]

自主性是人类的本质特征,是人类主体地位的体现,体现出人类具有支配自己的权力与责任。除此之外,自主性也表明社会人自主生活和发展

---

① 王鹤. 教育信息化背景下的大学英语自主学习探索[M]. 北京:经济管理出版社,2016:44.

的属性,表现出社会人要成为世界和自己命运主人的态度。

从教育的角度对自主性展开分析,其指的是个体的独立性以及不受他人控制的能力。但是,人类的自主是程度上的问题,也就是说人们只是在生活的部分领域能够决定自己的想法和做法。学者皮亚杰指出,自主分道德方面和智力方面,智力自主涉及的是真与伪的问题,道德自主的反面是他律,他律意味着他人管理自己。

综上所述,自主性指的是人类的品格特征,带有两个方面的内容。对内的自主性指的是个体自身具有独立性与主动性,能够积极建构自己的主动态度和鲜明的独立人格。对外的自主性指的是个体在社会生活中带有责任感、自律性。具备自主性的人,能够在社会中摆正自己的位置,具有独立、自主的意识,同时认识到自主是在一定范围内的自主,应该在社会道德、伦理、法规的范畴内活动。

由于学者对自主学习有着不同的研究立场与研究方法,同时对于自主学习的基本问题还存在着很大的争议,因此想要给自主学习下一个完整、统一的定义十分困难。

亨利·霍莱克(Henri Holec,1981)是最早进行自主学习研究的学者。他认为,自主学习是指"对自己学习负责的一种能力",这种能力并不是天生的,而需要利用自然途径或者专门学习才能获得。霍莱克认为自主学习能力表现出以下五个方面的内容。

(1)确立学习目标。

(2)确定学习内容和进度。

(3)选择方法和技巧。

(4)监控学习过程。

(5)评估学习结果。

迪金森(Dickinson,1987)对自主学习定义的分析是从学习的进程方面考虑的。他认为自主学习者应该承担的学习责任包含以下几个方面。

(1)决定学习什么。

(2)学习方式为个人学习。

(3)学习者选择学习进度。

(4)学习者决定何时何地进行学习。

(5)学习者选择学习材料。

(6)自我监控。

(7)自我测试。

齐莫曼(Zimmerman)关于自主学习的定义带有代表性。他指出,当学生在元认知、动机和行为三个方面都是一个积极的参与者时,就可以认为

第一章 自主学习综述

其学习带有自主性。

在不断的研究过程中,齐莫曼建立了一套具有特色的自主学习研究体系,如表1-1所示。[①]

表1-1 自主学习的研究框架

科学的问题	心理维度	任务条件	自主实质	自主过程
为什么学	动机	选择参与	内在的或自我激发的	自我目标、自我效能、价值观、归因等
如何学	方法	选择方法	有计划的或自动化的	策略的使用等
何时学	时间	控制时限	定时而有效	时间计划与管理
学什么	学习结果	控制学习结果	对学习结果的自我意识	自我监控、自我判断、行为控制、意志等
在哪里学	环境	控制物质条件	对物质环境的敏感和随机应变	选择、组织学习环境
与谁一起学	社会学	控制社会环境	对社会环境的敏感和随机应变	选择榜样、寻求帮助

(资料来源:庞维国,2003)

纽南(Nunan)将自主学习分为意识(awareness)、投入(involvement)、参与(intervention)、创造(creation)以及超越(transcendence),每个阶段都是从"内容"和"过程"的维度进行详细阐释,[②]具体如表1-2所示。

表1-2 纽南对自主学习的分类表

阶段	内容	过程
意识	对所学内容和目标有意识	能够识别教学任务中的学习策略并能识别自己偏好的学习方法
投入	有能力选择学习目标	做出选择

---

① 转引自庞维国. 自主学习——学与教的原理和策略[M]. 上海:华东师范大学出版社,2003:3

② Nunan, David. Designing and Adapting Materials to Encourage Learner Autonomy[A]. *Autonomy and Independence in Language Learning*[C]. ed. Benson, Phil and Voller, Peter. London:Longman,1997:192-203.

· 3 ·

续表

阶段	内容	过程
参与	有能力监控、调节学习计划中的学习目标和学习内容	监控、调节学习任务
创造	主动制订学习目标	主动制订学习任务
超越	超越课堂内容,并能在课堂知识与课外知识建立联系	超越学习者的一般能力

(资料来源:庞维国,2003)

二、自主学习的特征

(一)创造性与开放性

1. 创造性

在自主学习教学方式中,每个学生都是独特的自我,个性特征鲜明。在这种教学方式中,教师注重对学习方法的传授,提纲挈领地向学生介绍学习内容,培养学生主动学习、创新学习的精神,引导学生在学习中主动进行探索,善于发现。学生的学习目的是创造性地激活已有的知识体系和创新的知识体系之间的链接,并进一步完成知识的再创造,而不是简单复制学习内容;学生也不再是简单复制学习过程,而是在管理自己学习的过程中不断地反思、改进学习方法,进行创造性的学习,创造性地解决问题,从而掌握学习技能,发展个人能力。

2. 开放性

在自主学习内涵的影响下,决定了自主学习具备开放性的特征。这种开放主要指的是学习内容、时间、空间、方式、组织形式等的开放。也就是说,学生在开放的学习环境下,利用教师的指导能够自主控制自己的学习活动。

(二)独立性与民主性

1. 独立性

独立性与依赖性相对。具有依赖性的学习指的是将学习活动建立在依赖性的一面上,自主学习则将学习活动建立在独立性上。我国传统的英语教学活动中,学生对教师有着很大的依赖。自主学习则要求学生不以教师的意志为转移,在各个方面鼓励学生脱离对他人的依赖,从而自己独立做出学习上的选择与决定。独立性是自主学习的重要特征,是学生学习知识、掌握技能的重要环节。

2. 民主性

在自主学习教学中,教师和学生之间的关系是民主的、和谐的。教师在教学中扮演着学生学习活动的组织者、鼓励者、指导者的角色,学生在教学中能够随时发表自己的见解。师生之间、同学之间相互质疑、相互讨论,学生的个性在这个过程中可以得到充分的发展。

(三)相对性与差异性

1. 相对性

自主学习的重要特征是相对性。在现实的学习中,绝对的自主和绝对的不自主都不常见。大部分学生都表现为相对自主,也就是在一些方面自主,在另一些方面不自主。除此之外,由于学生是在学校进行英语学习的,因此学习活动难免要受到学校教师的安排,不可能完全摆脱对教师的依赖性。了解了自主学习的这个特征就需要教学者从学生的实际情况出发,分清学生自主与不自主的方面,进行有针对性教学工作。自主学习的过程并不是学生随心所欲的过程。权利与义务是相统一的,自主学习中的自主与责任也是彼此制约的。在自主学习中,师生之间需要建立起彼此尊重、协作的关系,教师需要逐步培养学生的自主选择能力与判断能力。学生也应该明白,自主学习中所拥有的决策权和选择权是以学生相应的学习责任为前提的。

2. 差异性

每个人都具有独立性,因此带有先天素质和后天成长环境的差异性。在进行英语学习的过程中,面对同样的教学内容,不同学生的学习起点、情感准备、知识基础都带有差异性,因此对教学内容的消化、吸收也各不相同。自主学习尊重学生的差异性,认可和接受不同学生的水平和学习方法的差异,同时鼓励积极给予学生选择学习内容与学习资源的自主权。

第二节　提倡英语自主学习的原因

素质教育是旨在提高国民素质的教育形式，其宗旨是让人们学会做人、学会求知、学会健体、学会生活、学习生存。素质教育的核心就是自主学习，因此培养学生的学习意识、学习习惯、学习能力与学习方法也应该成为实施素质教育的核心任务。具体来说，提倡英语自主学习的原因主要有如下几个。

一、不良教学现状的要求

在学科教育中，师生都受到教学方法、教学模式的影响与制约。但是，我国传统的英语教学却过分看重教师的主导作用，将教师单方面的知识传授作为学生学习的主要途径。这种教学方式忽视了学生的自主性与独立性，从而影响了人才培养质量，致使我国英语教学效果收不到应有的效果。

传统英语教学模式中，教师是教学的中心，教师以测试、成绩作为衡量学生英语水平的标准。学生在整体的教学中感受不到学习探索的乐趣，教师在教学设计中也很少考虑学生的具体语言需求。长此以往，学生学习的积极性、主动性难以发挥，独立的人格与自主的学习能力也得不到培养。因此，不利于英语教学的长久良性发展。需要正视的是，传统教学模式的出现主要是因为我国英语教学存在时间紧、任务重的问题，教师为了完成教学计划，往往只能侧重教学知识的教授，而忽视学生技能的培养。但是，英语是一门技能性与实用性很强的学科，需要学生发挥主观能动性，不断进行语言实践才能更好地掌握语言知识。仅靠有限的课堂教学时间是远远不够的。英语教学现状与学习现实需要学生养成良好的自主学习习惯。在自主学习过程中，教师需要培养学生的独立性，将教师的教学和学生的学习结合起来，从而不断提升学生的自主学习能力，让学生能独立于教师展开学习活动。

二、改革学校教育的需求

新的时代背景下基础教育也在发生着深刻的变革。终身教育体制下教育的任务不再是进行知识的灌输，而是教会学生学习，培养学生的自主学习能力,从而为学生日后的继续学习打下良好的基础。在多媒体、网络基础的应用下,学校教育的手段变得更加丰富。计算机辅助英语教学、多媒体辅助英语教学十分常见。传统的以知识传授为主的教学模式不断发生变革。从这个意义上说,自主学习能力的培养是将来基础教育发展的重要目标。

第二章 英语教学法综述

随着经济全球化的不断深入,国际竞争日趋激烈,社会对综合型英语人才的需求越来越大,这对英语教学提出了更高的要求。为了适应时代发展的要求,对英语教学法进行探索与研究,寻找行之有效的教学法势在必行。本章对英语教学法的相关内容进行概述,主要介绍英语教学法的定义、特点、学科体系,分析英语教学法与相关学科的关系,并重点研究英语教学中常用的教学法。

第一节 英语教学法的定义与特点

一、英语教学法的定义

在西方教育领域,"教学法"最初被理解为"教学技艺",意思等同于"教学论"。

最先将"教学法"译为"教学技艺"的是德国教育家沃尔夫冈·拉特克(Wolfgang),他认为应该从两个方面来重新理解教学方法的原则和理论基础,这两个方面分别是人的悟性、记忆与判断的本质。[1]

捷克教育家扬·阿姆斯·夸美纽斯(Comenius, Johann Amos, 1999)在《大教学论》(*Great Didactics*)中将"教学论"解释为"把一切事物教给一切人类的全部技艺"。

英国学者费奇(Fitch, J. G., 2010)在《教学讲义》(*Lectures on Teaching*)中将"教学论"(didactics)称为"教的技艺"(art of teaching)。

后来,很多学者围绕"如何有效教导"(how-to-do-good-instruction)这一中心问题进行了研究,并出版了一系列相关书籍。

关于"教学法"的认识既有抽象性又有具体性,也就是既认为"教学法"是抽象的教学论,甚至包含教育学的含义,如夸美纽斯在《大教学论》(*Great*

---

[1] [日]佐藤正夫著.教学原理[M].钟启泉,译.北京:教育科学出版社,2001:3-4.

第二章 英语教学法综述

Didactics)中的解释,又认为"教学法"是具体的教学技艺。

19世纪起,苏联的教育家们对"教学法"的理解逐渐转向了"教法""教授法"。

德国哲学家、心理学家约翰·菲力德力赫·赫尔巴特(Johann Friedrich Herbart)的"五段教授法"对日本教育产生了较大的影响,如1904年徐用锡译成的日本育成会所出版的《教育字汇》中将德语 didaktik、英语 didactics 译为"教授学",认为"教授学"是"研究教授之法,及教材之配列处置等"的系统学问。[①]

此后,在"重学"的英美教学理论影响下,"教授法"从"教学论"中分离出来,并被"教学法"一词所取代。

经过众多教育学者对教学方法的努力探索,"教学法"这一概念从最初的抽象的教学论或是具体的"教学技艺",逐渐转向"重教"的"教授法",再到"教学并重"的"教学法",其含义不断汇聚与整合。

人们在研究英语教学法的同时,注意到了与之具有某项相似点的"二语教学法"。因此,为了进一步理解英语教学法的概念,有必要分析其与二语教学法的区别。

(1)理论基础不同。以我国的英语教学为例,英语相对于汉语来说,是第二语言。在英语教学实践中,有一些教师混用外语与二语的概念,一些适用于二语教学的教学法,如自然法、直接法、交际法、暗示法等被应用于外语教学。这实际上是在理论和实践上混用了英语教学法与二语教学法。

英语教学法与二语教学法的理论基础不同。

英语教学法主要研究在两种不同的文化,如东方文化与西方文化中,从教与学两种角度探讨如何有效地教与有效地学得这种不同的语言。因此,英语教学法的文化理论基础是跨文化理论,其语言理论基础是历史语言学、结构主义和建构主义等,其还具有教育学理论基础。

二语教学法主要是"基于学习者的驱动型动机,如为了在二语国家找到一份好的工作等,研究如何在相对同质的文化环境中,依照学习者习得语言的心理过程进行有效教学的理论和实践体系"。[②] 因此,二语教学法的理论基础是第二语言习得理论、普通语言学理论和心理学理论。

(2)教学模式不同。除了理论基础不同,英语教学法与二语教学法在课堂教学模式上也呈现出不同特征。

---

① 萧承慎.教学法三讲[M].福州:福建教育出版社,2009:2-3.
② 陈艳君.基于本土视角的中国英语教学法研究[D].长沙:湖南师范大学,2015:62.

英语教学法受到学习环境的限制,其主要基于课堂教学,把英语教学和以身处母语国的各个层次的学习者作为其研究的对象,研究的内容也是教与学的问题,即学习者如何学习英语,以及教师如何教授英语两方面,研究的目的也是提高课堂外语学习者的学习水平。在英语教学法体系下,英语教师是最核心的语言权威,不仅是教学的引导者、教学活动的组织者,还是学生英语学习的促进者和帮助者。

英语教学法与实践息息相关,人们不断从具体的英语教学实践中总结、积累英语教学的经验,更全面、深入地认识英语教学这门学科。因此,可以说英语教学法是从实践中来的,二者关系如图 2-1 所示。

英语教学实践 ⟶ 英语教学法 ⟶ 英语教学实践 ⟶

图 2-1 英语教学法与英语教学实践的关系
(资料来源,陈艳君,2015)

在英语教学实践中,英语教学法可以分为微观层、中观层以及宏观层。

在微观层上,英语教学法是指具体的教学手段、教学技巧,其目的主要是解决英语教学实践中存在的某一项具体问题。

在中观层上,英语教学法是指英语教学中存在的某些具有系统性的、固定性的、规律性的方法和技巧。

在宏观层上,英语教学法是指与英语教学相关的理论、主张、观点、具体运行程序等。这些理论、主张、观点等整合之后,会形成一套相对独立且完整的理论体系。

二语教学法的研究对象是身处目的语国家和环境中的不同层面的学习者,也就是说,这些二语学习者可以是已获得母语的儿童、学生,也可以是移民或在他国经商生活的成人。二语教学法的目的是帮助学习者尽快融入所学二语国家的文化、生活等方面。

此外,在二语教学法体系下,教师和学生的角色和地位也更灵活,有时甚至可以相互转化。二语学习者除了参与正式的二语课堂学习外,还可以在其自然的生活或工作环境中应用在课堂上学到的知识,在实践中进一步熟悉这一语言。因此,二语教师不再像外语教师那样处在语言教学的核心地位,二语教学更多依靠的是学习者在二语课堂内主动的学得和在课外生活中积极和自然的运用,二语教师主要是引导者、促进者和活动安排者。

二、英语教学法的特点

英语教学法已经有四百多年的历史,在这一漫长的历史过程中,其体现出了自身独有的特点,具体可概括为以下几点。

(一)流派众多

随着英语教学法研究的深入和细化,与英语教学相关的理论研究获得了较大的发展,如中介语理论、输入输出理论、认知理论等在一定程度上取得进步。

教学法流派逐渐增多,如语法—翻译法、直接法、听说法、交际法等。这些教学流派为英语教学法的发展奠定了坚实的基础,促进了英语教学体系的形成,对英语教学实践有重要的指导意义。

(二)操作性强

操作性强也是英语教学法的一个显著特点。英语教学法立足于教师的理论水平、认知水平、整体素养的提高,致力于以人为本,用教师教的乐趣来带动学生学的乐趣,将教师教的活动转化为学生学的活动。

英语教学法众多,理论丰富,教学法专家们根据时代的变化转变研究思路,从不同的角度对英语教学法进行了研究,更从历时研究的角度和横向对比的角度仔细研究了各种英语教学法的起源、发展与各自适用的范围等内容,从而使英语教学法的操作性得到进一步增强。

(三)综合性强

英语教学法还具有较强的综合性。在语言学中,英语教学法侧重应用的层面,所以属于应用语言学的范畴。应用语言学是将理论付诸实践的桥梁,具有综合性与跨学科性。作为应用语言学的一部分,英语教学法吸收了社会语言学、语言学、心理学、教育学等多学科的知识和研究成果,对于英语教学的发展具有极大的推动作用。

(四)受母语影响

英语教学法的运用在一定程度上受到语言负迁移的影响,即在英语教学实践中,汉语文化、汉语语言以及汉语教学在语法形式和语用功能等方面对英语教学和英语学习产生了一定的干扰作用。这是因为,英语与汉语属于不同的语言体系,而作为母语的汉语在我国已有几千年的历史,在读音、构词、成句等方面已刻下深深的烙印,对中国学生的语言表达模式、思维习惯等有非常大的影响,给英语教学带来一定的干扰。英语教学法没有天然语言文化的熏陶,而且受母语文化所干扰,因为英语学习只能在一种人为的课堂情境或虚拟的文化语境中进行。

(五)受师资力量影响

在英语教学实践中,英语既是学生学习的对象和内容,又是教师的课堂用语。英语教师除了要具备必要的教学素养和教学能力外,又要精通英语这门语言,能从语言的构成、运用和文化各个方面给学生提供指导。

英语教学法的运用与教师自身的专业能力、英语语言能力有紧密的联系。而从我国目前的英语教学实践来看,大多数英语教师的英语能力并不能达到像以英语为母语的人们那样的水平,因此在某种程度上来说不能为英语学生提供有效的指导。此外,并不是所有能精通英语这门语言的人均能胜任英语教师一职。英语教学的这一特殊性,以及英语师资力量的匮乏性也为英语教学法的有效运用带来了一定难度。

(六)以学校教育为主要教学环境

从教学环境上来看,与其他的教学法相比,英语教学法并不是在自然的目的语语言环境来完成教师的教与学生的学这两项基本活动的,而是以一种人为的创设情境——学校教育为主要的教学环境。学生需要在课堂教学中或是一种虚拟的语言情境中,在某种教学原则和理念下遵从某种教学目的、教学设计,采用相应的学习方法,从而逐渐掌握英语知识、提升英语技能。

(七)受社会需求影响

英语教学法还会受社会需求的影响,在不同的时期,其目的走向上也有所不同。

京师同文馆、自强学堂等的开设主要是受到当时效仿西学、借鉴自强的社会需求的影响,强调实用性。

从壬寅学制使外语教学成为一门正式的课程开始,英语教学逐渐向素质型教育发展。

新中国成立后多次对初高中课程标准的调整都逐渐兼顾到了外语教学的工具功能和教养作用。

随后,随着西方外语教学研究的兴盛,我国的外语教学再次兴起西学之风,"交际教学""学以致用"的教学理念凸显出来,教学目的的实用性较强。

20世纪90年代我国大力推行素质教育,作为主要科目的外语也位列其中,素养性目的和实用性目的兼顾。

进入21世纪,两次新课改再次将外语教学改革推向高潮,"从做中学""提高语言综合运用能力"的倡导再次强化了外语教学的工具性目的。

第二节　英语教学法的学科体系

英语教学法的学科体系主要由基本观点、基本原则、基本知识以及基本实践四个方面构成。本节重点对其展开介绍。

一、基本观点

基本观点是英语教学法总的指导思想,主要包含以下两个方面的问题。

(1)英语教学法与实践的问题。
(2)如何发现、认识以及应用已有规律和新规律的问题。

英语教学法多种多样,基本观点和理论体系各不相同,因此对待和解决问题的方式和方法也必然存在差异,这就是多种英语教学法学派形成的原因,也是英语教学法向前发展的推动力。

二、基本原则

英语教学法的基本原则指对英语教学中一些核心问题的认识和理解,包含教材的选择、编写,教学法的组织、运用,教学中所遇到问题的解决等。此外,英语教学法的基本原则也可以理解为是对教与学、学与用、听说与读写、外语与母语等多种关系的认识,对于英语教学的方向与教学工作的开展具有重要的指导作用。

三、基本知识

英语教学法中的基本知识是基本原则的应用,是在教学实践中具体化的基本原则,包含在不同情况下选择的具体教学方法、手段,如英语教学的目的、教学任务、教材内容组织、教材内容安排、基础知识培养、教学评估、基础知识的复习方法、课内外教学的组织形式、教学材料的使用等。

英语教师要对基本原则与基本知识有一个系统的了解、把握和运用,从而确保教学取得良好的效果。基本知识是很多英语教学法学派均能采用的部分。

四、基本实践

基本实践是对基本观点、基本原则、基本知识三者的实验运用,是英语教学法中的实践作业过程。

基本实践具体包括以下几个方面的内容。

(1)学习英语教学大纲并分析教材设计。

(2)试着制定教学工具,并且练习这些教学工具的使用方法。

(3)用指定教材来练习讲授语音、词汇以及语法技巧。

(4)用指定教材来练习听、说、读、写、译的方法,提高五项基本技能。

(5)讨论和体会英语教学法的基本观点和原则。

(6)用指定教材来编写教学案例,在班上进行试讲。

(7)听英语课,参加课后的评议,并附上听课心得。

第三节　英语教学法与相关学科的关系

英语教学法是从具体的教学实践中发展而来的,是一门独立的学科,拥有自己的理论体系,又与其他学科有着密切的关系和区别,这些学科除了包括英语本身这门学科之外,还涉及语言学、心理学、教育学、教育心理学、哲学等。英语教学法以这些相关学科的理论作为其理论基础,并受到这些学科的影响。本节就对英语教学法与这些学科的关系进行分析。

一、英语教学法与英语的关系

英语是与英语教学法关系最紧密的学科。在英语教学实践中,教师的英语语言能力对英语教学的效果具有很大的影响,熟练的英语表达能力与扎实的专业教学基础对学生掌握语音、词汇、语法的知识和提高听、说、读、写、译能力有着重要的促进作用。同时,教师对英语这门学科的认知程度影响着其对英语教学基本规律的认识和理解,以及各种英语教学方法的运用等问题。

可以说,英语是英语教学法的基础部分,离开了英语这门学科,英语教学法也将变得毫无意义。

二、英语教学法与语言学的关系

语言学与英语教学法都是研究语言的科学,两者也存在一定的联系。语言学研究涉及多个方面,如心理语言学、社会语言学、比较语言学等,这些方面有利于人们更好地认识英语这门语言,进而推动英语教学法的进一步发展。例如,社会语言学主要研究语言的社会性、语言与职业和文化关系,这为确定英语教学的目的、教学内容的选择提供了重要的原则,也为交际法提供了一定的理论依据。

再如,心理语言学主要研究语言产生、语言的理解这一心理过程,并探讨语义与思维关系,研究儿童母语习得以及与英语学习间的特点,这些理论为英语教学法提供了多种启示。随着心理语言学的发展,人们逐渐注意到了学生自身心理规则对学习过程中的一些错误的影响。

三、英语教学法与心理学的关系

心理学主要研究人类认识世界,获取知识、技能和发展智能的心理规律及其心理机制,是对人的记忆、思维、意志、想象等规律和过程进行探讨的科学。心理学与人们的学习活动关系密切,相应地也与英语教学法关系密切。

(1)感知觉。人类对客观世界的感知会或多或少地受到过去的经验、所处的环境、未来的目标以及计划的影响,从而与现实产生严重的偏差。此外,人们的感知是积极主动的,是对客观世界的体验和对需要理解的东西的获取。

(2)注意力。注意是指"心理活动的一定对象的指向和集中,是伴随着感觉、知觉、记忆、思维等心理过程的一种共同的心理特征"。[①] 人们的注意力往往易于分散,有时也会"选择性注意",即只关注一件事情而忽略掉其他刺激。此外,有研究表明,人们在集中关注某件事情或某个物体时,最容易被以下目标吸引注意力:移动的物体;人脸的图片,尤其是正面照片;食物、性或与危险有关的事物;突然发出的声音,如噪音等。人们的注意力是有限的,往往会与目标偏离,所以为了吸引学生的注意力,英语教师应注意多进行创新性的教学互动。

---

① 宋璐.基于心理学的网络教学系统人机交互研究[D].北京:北京邮电大学,2015:8.

(3)记忆力。心理学上将记忆分为短时记忆与长时记忆两种。其中,短时记忆的容量较低,且易于丢失。

(4)动机。心理学上的动机一般涉及行为的发端、方向、强度和持久性。教学活动中的动机是一种促进学习的内部力量,受多种心理活动的影响。所以,英语教师要积极培养学生的学习动机,采用有效的激励方法,如启发式教学,多提问,多鼓励;妥善进行奖励与惩罚,公平公正;鼓励竞争与合作;引导学生正确归因;鼓励学生发现自我价值等,促进学生的潜在学习动机向现实学习行为的转变。

需要注意的是,对学生良好的学习行为进行奖励要做到合理有度,多采用精神上的鼓励,促进学生获得更大的进步。

英语教学主要是教师和学生互动的结果,英语教师要想知道自己怎么教,就必须知道学生怎么学,就需要教师和学生的心理打交道,这就是心理学的内容。也就是说,教师只有弄清楚学生的心理特点,因材施教,才能更好地提高教学质量。

心理学对英语教学法的作用主要有以下体现。

(1)心理学侧重英语学习的心理过程,而英语教学法侧重教师如何根据这一心理来展开教学,确定适合学生的教学原则与教学方法,从而提高自身的教学质量,使学生受益匪浅。

(2)心理学能够解释英语教学过程中学生心理的活动规律,英语教学法只有根据这一规律才能确保教师的教学方法符合学生的心理规律。也就是说,英语教师应该以心理学原则为依据,分析和研究学生的心理特征,从而指导自己的教学实践。

(3)心理学包含多种学科内容,如普通心理学、教育心理学、社会心理学、心理语言学、发展心理学等。

普通心理学主要研究一般的心理规律。

教育心理学强调对学生兴趣、学习动机的研究。

社会心理学主要研究个人与个人、集体与社会之间关系的心理现象。

心理语言学侧重对语言的理解与掌握的心理认知规律。

发展心理学主要研究年龄对心理的影响规律。

这些心理学学科内容均会对英语教学产生相应的影响,也必然会影响英语教学法。

四、英语教学法与教育学的关系

教育学理论揭示的是教育现象的一般规律,主要研究教育知识、教育问题、教育现象及教育规律等各个层面,研究的是教学的基本策略、原理、方法、内容、模式、目标、评估等。

教育学理论会随着研究对象即教学实践的变化和发展而不断更新,归纳出新的内容。英语教学本身属于教育的范畴,教育学理论中的观念、原理和模型都对英语教学法以及大学英语教学课程的设计与开发具有重要的启示意义,为教学内容的设计和程序的编辑提供指导。

根据教育学中的理论,进行英语教学时还应该处理好教师和学生之间的关系,摆正教师和学生在英语教学中的位置,处理好教与学的关系等。教育学者曾经提出,教育应该是教师占主导、学生占主体的作用。教师应该遵循这些原则,在英语教学实践中,应该逐步建立尊师爱生、平等民主的良好师生关系。创造一个和谐的课堂教学环境和语言环境,调动学生的学习积极性,最终提高英语教学的效果。

此外,在课堂外的教育活动中,教育学也给英语教学法提供了一定的启示作用。在课外的英语教学实践中,教师应该根据语言学习的特征来进行课外活动设计。

总之,英语教学法是基于教育学而进行的,离开了教育学,英语教学法就很难成立。英语教师要积极转变自身角色,努力成为一个"教育者",而不是"教书者"。

五、英语教学法与哲学的关系

英语教学法主要研究英语的教与学,在研究过程中,遇到各种语言现象和问题在所难免,这就需要掌握解决这些现象和问题的方法。如何根据具体的实际情况认识并分析这些语言现象和问题,就需要借助马克思列宁主义的哲学体系,借用其中的世界观和方法论来有效地解决语言中出现的各种问题。

马克思主义哲学是人们认识世界和改造世界的基础,英语教学法的发展自然也离不开辩证唯物主义的认识论和方法论,这是其发展最为根本的理论基础。

英语教学法通过向学生传授英语知识,培养英语交际能力,使学生形成良好的学习习惯。但是,它又与一般的认识活动有本质上的区别。在英语教学活动中,学生所获得的认识主要并不是通过自身实践获得的,而是通过教师或其他辅助性教学资料所提供的替代性经验而得到的。

掌握好马克思主义的世界观和方法论,对于英语教学具有很大的促进作用,主要有以下体现。

(1)有助于教师在对英语的教与学进行研究时能够用客观、全面、辩证的思维认识和分析教与学中的现象与问题,深入探讨教与学之间的关系,不断发现教与学之间的规律,获得良好的教学效果,进一步促进教学研究的发展。

(2)有利于教师辩证了解和认识各个英语教学法流派,结合实际的教学情况选择合适的教学法。

(3)通过对国内外教学研究成果的辩证分析,指导中国英语教学实践的发展。

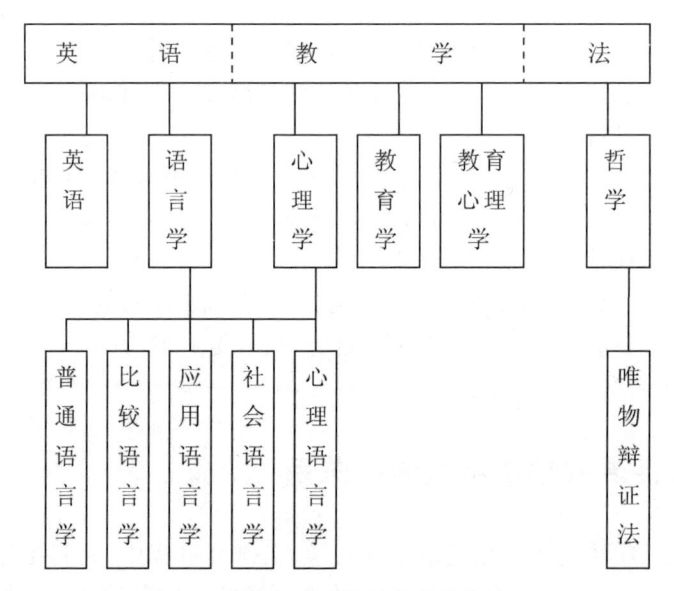

图 2-2　英语教学法与其他学科的关系

(资料来源:何广铿,2001)

总体而言,在不同的历史时期发展起来的英语教学法,如翻译法、直接法、听说法、情景法、交际法等均能视为英语教学法的理论。但是,英语教学法是从英语教学的实践之中发展起来的,也是在不断的实践中进行发展和提高的,如果把实践作为英语教学法发展的主线,其他学科就是英语教学法发展的辅线。英语教学法在发展过程中,也在不断从其他相关学科中吸取其所需要的养分,然后应用相关学科的研究成果来实现自身的充实。图 2-2 呈现了英语教学法与这些学科之间的关系。

第四节　英语教学中常用的教学法

语言教学法的形成与发展与语言学有关,即建立在某些语言学流派的基础上,无论是传统语言学还是当代语言学流派,既呈现了自己的语言学理论,又产生了相应的外语教学法观点和流派。外语教学法流派有语法翻译法、直接法、听说法、视听法、沉默法、暗示法、全身反应法、交际法、任务法,英语教学中使用的教学法就是基于这些流派而形成的。除了这些教学法外,随着科学技术的飞速发展,翻转课堂法也成为英语教学的一种常用方法。基于此,本节就重点研究英语教学中常用的教学法。

一、语法翻译法

(一)语法翻译法的内涵

语法翻译法又称为"阅读法""翻译法"等,指通过翻译对比英汉语的异同点,尤其是在语音、词汇、语法等层面,从而更好地掌握英语。

在双语教学中,语法翻译法较为常见,因为其主要是为了培养学生具有较高的阅读能力,让学生在充分依靠与利用母语的基础上习得两种语言的差异性,从而顺利地运用两种语言。

(二)语法翻译法的实施

运用语法翻译法,教师是教学的中心,教师将英语知识与技能传授给学生。在课堂上,教师的工作主要是讲授,学生主要是记录教师所讲的重要知识点,即便在课堂上有提问的内容,也都是之前讲到过的。同时,语法翻译法主要使用的是母语进行讲授,通过翻译对学生学习的情况进行检测。语法翻译法在英语教学中的实施一般可以按照如下步骤进行。

(1)对上一堂课的内容进行复习,一般采用听写单词或复述课文的形式。

(2)对新单词加以讲解与分析,首先教师将新的单词告诉学生,学生通过朗读对单词予以熟悉,接着教师对单词意义与规则加以介绍。

(3)对课文中出现的语法规则进行讲解,并让学生通过练习进行巩固与掌握。

(4)将课文进行逐词逐句讲解,并且分析其中的重点单词与句子。

(5)提出问题,让学生予以解答,从而检查学生是否真正地掌握教师所授。

(6)对本堂课所授内容进行复习与回顾,并为学生布置任务。

(三)语法翻译法的优缺点

从新中国成立之后,语法翻译法在外语教学中一直起着重要的作用。即使到了今天,一些教师也仍旧在采用这种方法。语法翻译法能够让学生不断了解词汇、语法等基础知识,也有利于提升他们的写作、翻译、阅读能力。

随着社会的不断发展,语法翻译法逐渐显露出自身的缺陷性。例如,语法翻译法的教学方式过于单一,容易让学生丧失学习的信心。同时,这一教学法对学生的口语能力未给予重视,因此对于学生交际能力的提升帮助不大。

二、直接法

(一)直接法的内涵

直接法是由法国拉丁语教师戈恩(Gouin)提出来的。直接法是指在教学和学习的过程中,不依赖于学生的本族语,而是从思想层面与英语构建直接联系的一种教学法。

直接法主要是为了培养学生直接运用外语思维的能力,通过运用话语进行阅读、对话、交谈等来机械的训练口语。

(二)直接法的实施

直接法在英语教学中的实施主要可以分为如下几个步骤。
(1)对学习目标进行陈述,将学生导入即将授课的内容中。
(2)对已经教授的知识和技能进行复习。
(3)对新资料进行呈现。
(4)进行学习探测,并给予学生独自练习的机会。
(5)给予反馈,并评价学生的表现。
需要指出的是,上述步骤都是在避免本族语的情况下进行的。

(三)直接法的优缺点

直接法强调语音教学与口语教学,将英语教学的实质抓起来。运用直接法教学,教师会运用多种直观的教具对教学内容进行呈现,且这些内容都与学生的实际生活密切相关,能够运用较为活泼、生动的教学手段展开教学,这大大提升了教学的质量。

此外,运用直接法进行教学侧重于实践和练习,通过让学生在具体的实践中运用语法知识,有助于充分发挥语法在英语教学中的作用。

直接法也有其自身的弊端。直接法对英语教学中各种问题的处理和认识存在片面和简单的倾向。例如,对外语运用的过分强调而忽视母语的意义;对机械模仿和记忆重要性的过分强调而忽视语法的作用;对直观教学过于重视,但是并不适合中级和高级阶段的学生;忽视了不同学生英语学习的特点;没有将口语与书面语之间的关系科学地处理好,也没有处理好听说与读写的关系。

三、听说法

(一)听说法的内涵

听说法是基于行为主义心理学理论逐渐产生的,它是指以句型作为中心,以培养学生外语思维能力的一种教学法。在实际的教学过程中,听说法侧重于学生的外语思维,即避免因母语思维的影响而造成外语学习不佳。另外,对于学生听说能力的培养,听说法注重对学生进行反复操练,从而让他们养成习惯。

(二)听说法的实施

听说法侧重于机械性操练,因此教学中教师一般会采用英语来讲解内容,并结合一些录音、录像设备,让学生能够进行模仿与练习,从而提升自身的语言能力。

听说法在英语教学中的实施主要涉及如下几个步骤。

(1)在课堂上,教师可以通过录音、录像等辅助设备给学生介绍背景知识和内容。

(2)教师引导学生开展会话活动,可以是师生之间的会话,也可以是学生与学生之间的会话,以练习课堂所学。

(3)教师提供句型结构,让学生进行句型操练。

(4)多次播放录音、录像材料,让学生进行记忆,最后达到复述或背诵的结果。

(5)对本节课内容进行回顾。

(三)听说法的优缺点

听说法具有划时代的意义,在当今英语教学改革中受到很多教师的青睐。听说法对于培养学生的应用能力,尤其是口语能力有着重要作用。并且,听说法中的句型操练法在英语教学中早已运用,对今天的英语教学仍旧意义非凡。然而,听说法过于强调培养学生的听说能力,这种机械性的操练很容易让学生丧失主动性和积极性。同时,对听说能力的培养使学生放松对阅读和写作能力的重视,不利于培养学生的综合应用能力。

四、视听法

(一)视听法的内涵

视听法也是在行为主义心理学理论的基础上形成的,将英语归纳为"刺激—反应—强化"的过程。也就是说,视听法是运用录音、幻灯片图像等来刺激学生的视听感官,进而让学生做出模仿的反应,对其进行强化,从而不断成为学生的自动化习惯。

视听法是建立在听说法的基础上的,其将听说法的精髓吸收过来,也将听说法的一些缺点规避,从而以此作为基础来进一步发展情景的视觉感受成分。也就是说,视听法是将情景视觉与录音听觉紧密结合,强调学生生活中的情景,因此视听法又称为"情景法"。

(二)视听法的实施

视听法的实施有助于提高学生英语学习的积极性和主动性。具体而言,视听法包含如下几个步骤。

(1)课前准备,教师让学生提前预习本节课内容,要将模拟案例的资料提前传给学生。

(2)创设情景,要尽可能地与真实场景接近,让学生有身临其境之感,并快速地融入这一角色。

(3)分配角色,涉及场景中的各种角色的分配。

(4)情景模拟,学生对案例场景进行完整的模拟。

(5)在模拟后,教师对学生的表现进行点评,充分发现学生做得好的地方,并指出学生做的不合理之处,和学生探讨如何做得更好。

(三)视听法的优缺点

在当前的英语教学中,视听法有其自身的优点。

(1)视听法有利于调动学生学习的积极性,增强学生对知识的求知欲。在教学中,教师根据具体的课堂内容,设置具体的情境,能够让学生亲身体验,积极参与其中,并有助于学生的记忆。同时,在设计场景时,教师还可以为学生设置一些挑战性话题,让学生发挥自己的想象力,参与其中。

(2)视听法有利于使学生产生主人翁意识,引导学生多动脑,亲自动手,从自己的兴趣出发,积极主动地进行英语学习。

视听法也有一定的缺点,具体体现在以下两个方面。

(1)过于重视整体结构,而忽视语言分析讲解和训练,不利于学生外语的理解和运用。

(2)强调选择、安排语言材料应以情景为线索,虽然这样有一定的好处,但情景的创设往往是虚构的,因此无法充分满足学生交际的实际需求。

五、认知法

(一)认知法的内涵

20世纪60年代中期,听说法开始走下坡路,其理论基础被乔姆斯基(Chomsky)猛烈抨击,其机械句型操练也令教师和学生感到厌倦。在这一背景下,认知法(Cognitive Approach)应运而生。

认知法的语言和语言学习理论基础是乔姆斯基的转换生成语法。乔姆斯基认为,语言不是一套习惯的结构,而是一套受规则支配的体系,人类学习语言不是单纯的机械模仿,而是规则支配的创造性过程。

认知法是强调在第二语言教学中充分发挥学习者的智力作用,学生通过有意识地学习语音、词汇、语法知识,实现对语言规则的理解与掌握,并从听、说、读、写方面对语言进行全面、创造性地运用,同时肯定了强调语法学习和发展智力的语法翻译法,所以又称为"现代语法翻译法"。

(二)认知法的实施

认知法在英语教学中的实施主要包括语言理解阶段、语言能力培养阶段和语言运用阶段三个阶段。

1. 语言理解阶段

语言理解是指学生要理解教师讲授或提供的外语材料,对语言规则有一个清晰的认识,并了解其结构与用法。

根据认知法理论,讲解语言规则时可以采用发现法。具体而言,教师给学生提供一些易于发现规则的外语材料,要求学生主动地发现其中的语法规则,并总结这些规则。

2. 语言能力培养阶段

培养学生的语言能力是这一阶段的主要目的。在理解语法规则的基础上,应通过有意识、有组织、有意义的操练来获得语言能力。

认知法强调练习应有利于思想情感的表达,且有意义。练习可以采取多种形式进行,如描绘情景、转述课文、造句和翻译等。在这一阶段,练习应以课文为中心展开,使课文所涉及的语言知识得以巩固。

3. 语言运用阶段

语言能力培养阶段的练习主要是围绕课文进行的,具有很大的控制性。而语言运用阶段的教学活动控制性较小,学生有很大的自主权来进行交际性练习。

交际性练习的形式有很多,如口头的角色扮演、书面的作文和翻译、指定的情景交谈等。无论采取哪种形式,交际活动都要确保学生的中心地位,教师主要负责指导学生的练习。

在这一阶段,教学目的在于借助各种各样的交际性练习,逐渐培养学生运用语言材料进行听、说、读、写的能力,尤其是使用英语进行交际的能力。

(三)认知法的优缺点

认知法有其自身的特点,具体体现为以下几点。

(1)认知法有利于培养学生的语言交际能力。主张课文要有上下文情景;创造外语环境,努力给学生提供使用外语的机会,强化外语教学过程;充分利用直观教具和现代化视听教学手段,使教学情景化、交际化。

(2)认知法对口语和书面语同等重视。认知法认为,口语和书面语相辅相成、互相促进,所以教学时可以听、说、读、写齐头并进。

(3)认知法强调教学应做到以学生为中心,以学生如何学作为其研究重点,使教师的教与学生的学实现有机结合。

(4)认知法主张容忍学生的错误。学生在学习中犯错误是难以避免的,对此,教师应帮助学生认真分析,找出原因,及时纠正。

认知法也有自身的缺点。认知法过于强调规则的指导作用和成人学习外语的特殊性,因而其对语音、语调方面要求的严格程度稍逊于学生的理解能力和自学能力。

六、交际法

(一)交际法的内涵

交际法又称为"功能—意念法"或者"功能法",产生于20世纪70年代的西欧共同体国家,是基于海姆斯、卡纳尔以及斯温的理论而形成的。交际法指的是"以语言功能项目为纲,培养在特定的社会语境中运用语言进行交际能力的一种教学法体系"。

交际法强调学生的中心地位,注重教学过程的交际化和教学内容、教学方式、教学环境的真实性,并且重视实践模拟。

(二)交际法的实施

在交际法的实施中,小组活动是最常见的一种形式。小组活动是将学生划分成若干个小组,由小组内部成员共同完成教师布置的任务,并在实践中提升交际能力。

具体而言,小组形式的交际教学实践活动可按照以下步骤展开。

(1)对小组进行划分。首先,要确定小组的规模,通常是3~6人,这样有助于学生面对面的交流和练习。其次,要确定小组内成员的语言能力,一个小组内成员的语言能力应均衡搭配。

(2)教师对小组内成员分配角色,确定组长、副组长,负责协调小组活动。

(3)布置具体的交际活动,活动的主题和素材要考虑大多数学生的实际情况,并且每一个活动都应该选择一个恰当、合理的主题。

(4)教师要求学生围绕该主题进行讨论。

(5)教师对学生进行提问,激发学生积极参与的热情,在提问时应该先整体后局部,使学生有足够的时间来思考,最后学生给出答案。

(三)交际法的优缺点

交际法强调语言的交际功能,又注重语言的结构功能,因此其具有如下几个优点。

(1)交际法注重话语教学。在话语中运用语言有助于培养学生的交际能力。从交际法看来,教学主要是为了满足学生的交际需要,其以功能语言作为基础,针对不同学生、不同对象的不同需要来进行安排。因此,教师应该为学生创造真实的语言环境,让学生积极地、主动地参与其中。

(2)交际法主张采用多种教学资源和教学手段,如教师用书、挂图、录像、多媒体、电视等。

(3)交际法对语言的流畅性也是十分关注的,而且允许学生出现错误,学生只有经历一个不完善到完善的过程,才能运用正确的语言完成语言交际。

(4)交际法对母语、语法的讲解、翻译等并不排斥。

交际法也存在一定的缺点,具体有以下体现。

(1)交际法存在重视培养听说能力、忽视读写能力的缺点,难以为学生构建一个完整的语言体系,不利于学生对语言知识的理解和掌握,也很难打好基础。

(2)交际法的实施首要目的就是对其他教学流派的缺点和不足进行弥补,但是在实施中并没有达到良好的效果。这是因为,交际法只是让学生对功能、情景、语言表达形式等孤立地加以记忆。

(3)交际法忽视语言结构规律,学生习得语言只能依靠直觉进行模仿,违背了"学得"的理念。

虽然交际法存在一些缺点,但是其依据的主要理论是比较好的,一些研究者也对这些理论和教学体系进行了不断研究,对该教学法进行了修正,因此当前的交际法还是存在着很强的活力的。

七、任务法

(一)任务法的内涵

任务法是交际法的一个分支。布朗(Brown)认为任务型学习是将任务作为教学的焦点和中心,它将学习过程看成是与教学课程相关的一系列为目标服务的任务的集合。

任务法将任务作为核心单位来组织英语教学,它以任务大纲为依据,以任务作为单位组织英语教学,完成教学目标。简言之,所有教学活动均围绕任务展开,并服务于该任务。

（二）任务法的优势

任务法是在吸收多种教学法优点的基础上形成的，主要有如下几个优势。

(1)在任务教学中，学生在教师的指引下独立思考、积极参与，便于调动学生的积极性，养成良好的英语学习习惯。

(2)在任务教学中，活动内容一般涉及面广、信息量大，有助于拓宽学生的知识面。

(3)在任务教学中，有双人活动和小组活动，每位学生都需要完成自己的任务，因此任务教学是面向全体学生的，有利于培养全体学生的语言知识和能力，促进全体学生的发展。

(4)任务法有助于开发学生的想象力和创造性思维，使学生的主体作用得以充分发挥。

由于任务法的开放性以及自身的诸多优点，所以其在当前英语教学实践和研究中具有十分重要的地位。

（三）任务法的实施

任务法的实施主要可以从三个阶段着手：任务前阶段、任务中阶段以及任务后阶段。

1. 任务前阶段

任务前阶段的教学目的不仅是让学生将自身的已有知识激活，帮助学生构筑语言系统和思维方式，还要使学生具备完成任务所需要的知识，减轻下一阶段的压力。

任务前阶段又包含两个小阶段：一是任务准备阶段；二是任务呈现阶段。

(1)任务准备阶段。任务准备阶段应该涉及以下两个方面的内容。

第一，作为任务参与主体的学生所需获取、处理或表达的信息内容。

第二，作为任务参与主体的学生获取、处理或表达这些内容所需的语言知识、技能或能力。

同时，教师在准备任务阶段需要考虑任务的真实性和难度系数，避免出现事倍功半的结果。

(2)任务呈现阶段。任务的呈现是指教师在教授新语言时向学生展示任务。此时，教师需要从学生的生活经验、学习经验出发，创设情景，从而激发学生的好奇心。

在这一阶段,教师需要做的是提供给学生与话题相关的情景以及思维方向,并要求学生将新旧知识有机结合起来,激发学生学习的兴趣,使学生主动参与其中。

2. 任务中阶段

任务中阶段,即任务的实施阶段,是学生习得语言技能的阶段。在这一阶段,任务的选择十分关键。教师选择任务的难度过高或者过低,对于学生的英语学习都是不利的。

在实施任务时,教师所采用的方式也是多种多样的,如小组形式、结对子形式等。

以小组形式为例,在进行小组活动时,教师应对小组任务、个人任务都有明确的规定,并且给予学生恰当的指导。另外,为了鼓励学生,教师也应该作为小组中的成员参与其中,这样可以更好地了解学生的学习情况,以便进行监督和指导,确保任务完成的质量。

3. 任务后阶段

任务后阶段主要包括任务汇报和任务评价。

(1)任务汇报。在完成任务后,教师可以让小组代表汇报任务完成的情况。这个代表可以由教师指定,也可以由小组决定。

需要指出的是,学生汇报任务时,教师应适时地给予一定的帮助和指导,确保汇报更自然和准确。

(2)任务评价。当各个小组汇报之后,教师应该对学生的汇报情况进行评价,指出每组活动的优缺点,并选择出最佳小组。这有利于使学生品尝到成功的喜悦,也可以认识到缺点,同时有利于对他人有一个理智、正确的认识和评价,帮助学生形成良好的评价思维。

八、翻转课堂法

(一)翻转课堂的内涵

2007年,美国人萨尔曼·可汗(Sal-man Khan)提出了翻转课堂(flipped classroom),他利用网络视频进行"翻转课堂"授课,且获得了非常显著的成果。

加拿大的《环球邮报》将"翻转课堂"教学模式评为"2011年影响课堂教学的重大技术变革"。

翻转课堂,又可以称为"颠倒课堂",是指"学生在课前利用教师给出的音频、视频、电子教材或共享开放网络资源地址等数字化学习材料,自主学习课程内容,然后在课堂上参与由教师组织的同学间的讨论探究等互动活动,并完成课程学习任务的一种教学模式"。[①]

翻转课堂教学过程包括知识传授和知识内化两个阶段。在传统教学模式中,教师通过课堂来传授知识,学生在课后完成作业与实践来实现知识内化。翻转课堂与传统教学模式不同,教师根据教学计划布置课前预习的内容,学生则利用各种开放的教学资源将自己主动获得的知识带到课堂,在课堂上通过与教师一起谈论与探索,最终完成作业。

(二)翻转课堂法的优势

翻转课堂法主要有以下优势。

1. 有利于学生的个性化学习

学生的发展水平参差不齐,学习能力、兴趣爱好也千差万别。虽然教育者很早就意识到这一问题,但传统教学不能实现真正意义上的分层教学。而翻转课堂则可以真正实现分层教学,教学是在综合考虑学生的能力、兴趣等因素的基础上而开展的,使每个学生都能够按照自己的进度来进行学习。

2. 有利于师生的课堂互动

翻转课堂完全改变了传统课堂上的师生相处模式,教师与学生能够实现一对一交流。如果有多数学生对某一知识点有疑问,教师则可以对这些学生进行集中辅导。

另外,学生在翻转课堂之间的互动也大大增加了,他们不再将教师作为唯一的知识来源者,学生彼此之间也能进行互助学习。

3. 有利于课堂管理的人性化

在传统课堂上,教师为了帮助学生习得知识,需要注意课堂纪律与学生的注意力。因为一旦学生被某些事情影响而分心,则会对学习进度带来影响。而翻转课堂教学能弥补这一不足,能实现课堂管理的人性化。

---

① 周文娟.大数据时代外语教育理念与方法的探索与发现[M].上海:上海交通大学出版社,2014:34-36.

(1)翻转课堂将学习主动权还给了学生。翻转课堂强化了师生、生生之间的学习互动,让学生的主观能动性得到了最大限度地发挥,将学习主动权还给了学生。

虽然传统课堂中也有教师辅助指导学生的现象,但是受传统教学理念的影响,这些教学上的改变只是流于形式,教学仍然是教师的讲授为主,对学生的主体性并没有给予关注。

网络、计算机技术的飞速发展颠覆了传统课堂的教学方式,这样翻转课堂获得了名正言顺的教学地位。在翻转课堂中,学生根据教师提供的资源首先进行自主学习,凸显了学生的主体地位,学生在课堂上可以与教师一起探讨学习,从而有利于学生有效掌握语言知识。

(2)翻转课堂扭转了学习观念与态度。翻转课堂对传统学习观念与态度的扭转体现在如下方面。

第一,翻转课堂中的学习内容根据学生的兴趣、需要来定位。

第二,学生在总体学习目标的指导下,根据教师提供的学习材料、途径自主完成知识建构,提升自身的知识水平。

第三,传统课堂中讲授、练习的环节在翻转课堂中成为教师与学生互动探讨知识内容的环节,有利于培养学生的责任感与意志力,同时对于学生独立思考、解决问题能力的培养也有一定的促进作用。

(3)翻转课堂淡化了学生对教师的依赖性。翻转课堂中知识的习得放在了最前面,极大地提升了学生的自主性,而且减少了学生对教师的依赖。学生在自主学习时不得不将获取帮助的想法转向其他同学。

经过一段时间后,学生会逐渐养成主动接受学习知识的习惯,培养并增强与其他同学交流、探讨的意识与能力。这样不仅可以提升学生的知识水平,而且加强了他们人际交往、组织协调以及团队合作等方面的能力。

(三)翻转课堂法的实施

翻转课堂法的实施一般可以从以下两个方面入手。

1. 课前安排

课前安排方面,教师要为学生准备充分的学习资料,如英语参考书籍、电子教材、微视频教程等。

下面以微视频的设计为例进行说明。微视频是目前翻转课堂常用的学习资源,具有很强的针对性,是课前学习的核心内容。教师可以根据每堂课的课堂学习目标准备两三个微视频,一个微视频一般只介绍一个知识点。

微视频设计时,教师需要注意以下方面。

(1)英语教学视频的互动性、视觉效果、时间长度等对学生的知识习得影响较大,教师在微视频中要合理设计学习内容与课前练习的数量、难度等,以帮助学生在已有知识的基础上向新知识过渡。

(2)学生在课前学习过程中可以利用网络软件与其他同学展开积极的沟通与交流,排除自己学习过程中的疑问与难题,共同进步。

(3)在制作微视频时,教师不仅要重视整体上的视觉效果,更要突出学习的主题、要点,根据知识结构来设计互动活动,为学生建构形式新颖、内容丰富的学习平台,激发学生微视频学习的兴趣。

(4)在设计微视频时,教师要顾及学生的适应性能力,学生在刚接触视频学习时往往很难集中注意力进行听讲,只是专注于笔记的写作。为了改善这种局面,教师可为学生提供视频的副本,引导学生关注当期视频中的学习内容。

(5)微视频制作完成后,教师可以将视频上传到学校的网络上,便于学生随时下载与学习。

(6)学生学完微视频中的内容后,要对自己的学习进行总结,将疑问反馈给小组长,然后由各组小组长汇总给教师。这种方式有利于学生的个性化学习,他们可以根据自己的情况选择学习资源与时间。

2. 课堂教学

翻转课堂教学模式的教学步骤主要包括:合作探究、个性化指导、巩固练习、反馈评价和课程总结。

(1)合作探究。首先,教师将学生进行合理分组。合作探究学习本质上来看就是小组学习的一种有效形式,所以教师需要首先将学生进行分组。在合理探究学习的过程中,小组各成员之间的搭配与结构是至关重要的,这要求教师在合理分组时注意每位学生的知识基础、能力高低以及性格特点等,在此基础上才能实现合理分组。合理分组的目的在于均衡小组成员自身的各项特点,从而有利于他们开展良性的合作与竞争。

其次,策划和提出学习过程中的问题。在开展合作探究的学习过程中,教师为学生安排的学习内容要具有可操作性,教师为学生安排的讨论问题同样也需要具有开放性。在课前,教师需要以学习的具体任务为前提,为小组内每位成员都安排相应的学习任务,同时为他们规定完成这次任务的时间。

最后,学习任务的合作实施与过程控制。在小组各成员开展合作探究学习时,教师无须在一开始就让他们共同完成任务。

事实上,在任务刚开始时,教师应该让小组各成员根据任务的要求开展讨论与研究,让他们进行独立思考,这有助于他们形成深刻、独创的思维能力,之后小组各成员之间开始就自己思考的结果展开交流,在讨论中表达自己的观点,最终将所有的观点与看法经过汇总后达到让一个每位成员都满意的结果。小组中还可通过民主的方式选举一个发言人,然后将小组讨论的结果反馈给教师。

(2)个性化指导。个性化指导指教师为小组成员解答问题。在小组成员合作探究学习的过程中难免会遇到各种问题,教师可以针对小组所遇到的这些问题展开具体化、个性化指导,帮助他们排除学习进程中的障碍。

(3)巩固练习。巩固性练习,也就是在教师为学生进行个性化指导之后,各小组成员对学习任务的结果进行总结,通过一定的练习来加深印象,对学习进程中的重点、难点及时进行巩固。

在这一阶段,教师可适度安排小组之间开展知识方面的交流,帮助他们对学习成果进行共享。

(4)反馈评价。对小组合作探究学习后的结果进行评价,教师不仅要评价学生的学习过程以及结果,还要对小组之间以及小组内部各位成员的表现进行评价。在评价的过程中,教师要重视小组任务的整体完成情况,不能仅仅关注某一些成绩较好学生的表现。

另外,教师需要重视小组中每位成员参与任务完成过程的积极性、主动性,对一些具有独创思维的成员给予合理、恰当的评价,如此不仅可以让小组其他成员向表现优异的成员学习,而且可以激发组内成员相互学习、共同进步的热情。此外,为小组成员树立榜样还能有效减少少数学生的依赖性,促进合作探究学习的顺利进行。

(5)课程总结。在该阶段,教师安排各个小组之间展开交流,彼此沟通学习进程中的信息,同时对这些小组成员的具体表现给予合理评价。这一阶段教师需要注意的方面是,尽量给予学生积极向上的评价和鼓励,不打击、不批评,确保每个小组都能圆满完成学习任务。

总之,翻转课堂既需要强化课前预习的效果,更重要的是要注重课堂学习的效率。教师的主要任务是通过课堂活动设计来完成学生知识的内化,这也是翻转课堂法的目的。

第三章 自主学习能力培养下的英语词汇教学法改革

词汇是语言体系的基本要素之一,无论是在哪一阶段的英语学习中,词汇知识都是非常重要的内容。正如语言学家威尔金斯(Wilkins,1972)所说:"没有语法很多东西无法传递,没有词汇任何东西无法传递。"可见,英语学习关键在词汇学习。因此,英语词汇教学构成了英语教学中不可或缺的一部分。现在的英语词汇教学有了较大的发展,但仍存在一些问题阻碍着词汇教学效率的进一步提高,这就需要教师不断创新词汇教学方法,有效培养学生的词汇能力,提高词汇教学的效率,促进词汇教学的发展。此外,学生词汇能力的发展以及词汇教学效率的提高不仅要依靠教师的教学,还有赖于学生的自主学习,对此英语词汇教学法的改革要以学生自主学习能力的培养为基础。

第一节 英语词汇教学综述

英语词汇教学是我国英语学习者提升词汇能力和语言能力的重要途径。本节就对英语词汇教学的相关内容进行综合论述,包括英语词汇教学的意义、目标、内容、原则以及现状等。

一、英语词汇教学的意义

词汇教学既是英语教学的一个重要部分,又是英语教学中的重要环节。20世纪中叶,随着语法翻译法和视听法相继衰落,语法教学逐渐退出历史舞台,一些以意义理解为目的、以交际活动为形式、以学生自身为中心的教学方法开始兴起。交际教学法的产生可以说是划分了英语教学时代:交际教学法前是语法教学的时代,而交际教学法后则为词汇教学的时代。

在词汇教学时代,越来越多的人开始意识到词汇在英语教学中的重要作用。只有先学习与研究词汇,才能使语言表达更有效、纯洁。语音、语法和词汇是构成英语语言的三个要素,而词汇则是语音和语法的载体,是构成语言大厦的建筑材料。对于英语学习来说,如果词汇量不足,将难以有效地进行听、说、读、写、译,交际也就无从说起。因此,掌握足够的词汇是成功运用英语的关键。

对于英语学习者而言,词汇是重点,也是难点。与语音、语法相比,词汇的变化形式更多。历史的演变、科学技术的进步以及其他语言的影响等都可能会使词汇发生改变。而英语一词多义的现象则是学习者英语学习中的一大障碍。目前,词汇对于英语教学中的重要性越来越突出,无论是大学英语四、六级考试,研究生英语考试,还是其他英语测试如托福、GRE、GMAT或雅思考试,都有一定比例的词汇试题。相关研究显示,英语词汇量与学生的英语成绩具有很大的相关性。

现在,外语学界都对如何帮助学生巧妙记忆词汇、提高词汇教学效率、促进学生的语言学习给予了高度关注。他们投入词汇教学研究,学习并发现新的观念,改进、激活词汇教学,研究新的教学方法,积极反思,旨在提高英语教学质量。具体来说,英语词汇教学的意义体现在以下几个方面。

(一)有利于提高学生口语表达的流利性

有学者指出,相当多的话语都是储存在记忆中的预制语块,因此运用语言的过程中常常会有重复的现象出现。可见,语用语言并非总是临时根据特定的语法规则创造性地将单个词组合起来。

一个方面,这些预制语块一般是约定俗成的,可以使文化差异给口语带来的语用失误大大减少;另一个方面,这些预制语块可以使信息处理的压力降低,使口语表达更流畅。例如,在面对表扬或赞美时,英美人通常会用"Thank you."来回应。如果学生熟悉这一套语,在实际的交际中则可以避免母语思维的影响,同时做出恰当的反应。

(二)有利于提高学生的语篇理解能力

无论在口语交际还是书面语表达中,发话人在表达自己的思路时,往往会使用语篇标示词。这些标示词属于预制语块的范畴,有自身鲜明的特点。

例如,在英语教学中,如果听到教师说 in a word, to sum up, as a result 等语块时,学生就知道教师要做总结;如果听到教师说"Let me start with …""Let's start our class, what I would like to do is …"等语块时,学生就会知道教师要开始课堂教学了。借助这些常用交际语块,学生的交际能力、语篇理解能力以及听力能力会有明显的提升。可见,词汇教学可以为英语教学与学生英语技能的提高奠定良好的基础。

(三)有利于提高学生的英语综合能力

词汇是一切语言活动的基础。同样,词汇对于英语学习也非常重要。可以说,离开了词汇的系统学习,英语教学活动中的听、说、读、写等其他基本语言交际活动不可能顺利开展。只有首先掌握英语词汇,才能谈及其他语言技能的提高,才可能提高英语综合能力。由此可见,词汇在英语教学中非常重要。可以说,词汇教学将直接影响英语教学的成败。

二、英语词汇教学的目标与内容

(一)英语词汇教学的目标

学习英语词汇不能只了解词汇的含义,还应明白如何使用词汇,也就是培养词汇能力,这也是英语词汇教学的重要目标。

《普通高中英语课程标准(实验)》(2003)对高中英语词汇教学提出了详细的要求,具体如下。

二级目标:

(1)学习有关本级话题的600~700个单词和50个左右的习惯用语。

(2)了解单词是由字母构成的。

五级目标:

(1)了解词汇包括单词、短语、习惯用语和固定搭配等形式。

(2)理解和领悟词语的基本含义以及在特定语境中的意义。

(3)运用词汇描述事物、行为和特征,说明概念等。

(4)学会使用1 500~1 600个单词和200~300个习惯用语或固定搭配。

七级目标:

(1)理解话语中词汇表达的不同功能、意图和态度等。

(2)运用词汇给事物命名、进行指称、描述行为和特征、说明概念等。

(3)学会使用2 400~2 500个单词和300~400个习惯用语或固定搭配。

(4)了解英语单词的词义变化以及日常生活中新出现的词汇。

八级目标:

(1)运用词汇理解和表达不同的功能、意图和态度等。

(2)在比较复杂的情况下,运用词汇给事物命名、进行指称、描述行为和特征、说明概念等。

(3)学会使用3 300个左右的单词和400~500个习惯用语或固定搭配。

九级目标：

(1)学会使用4 500个左右的单词和一定数量的习惯用语和固定搭配。

(2)能根据交际话题、场合和人际关系等相关因素选择较为适当的词语进行交流和表达。

《大学英语课程教学要求》明确了大学英语词汇教学的目标,对非英语专业大学英语词汇教学提出了三个层次的要求,具体如下。

一般要求:总词汇量应达到4 500个单词和700个词组,其中2 000个单词为积极词汇,即要求学生能够在认知的基础上学会熟练运用,包括口头表达以及书面表达两个方面。

较高要求:总词汇量应达到5 500个单词和1 200个词组,其中2 500个单词为积极词汇。

更高要求:总词汇量应达到6 500个单词和1 700个词组,其中3 000个单词为积极词汇。

《高等学校英语专业英语教学大纲》以每学期一级为标准,对大学生的词汇学习目标提出了入学、二级、四级、六级和八级要求,为大学英语专业英语词汇教学进行了指导,其内容如下。

入学要求：

(1)认知词汇不少于2 000个。

(2)掌握1 200个左右的常用词和一定数量的习惯用语及固定搭配,并能在口笔语中运用。

(3)认识740个左右的单词和一定数量的习惯用语及固定搭配,能根据上下文的提示理解其含义。

二级要求：

(1)通过基础英语课、阅读课和其他途径认知词汇达4 000~5 000个(其中包括中学已学2 000个)。

(2)正确而熟练地使用其中的2 000~2 500个词汇及其最基本的搭配。

四级要求：

(1)通过基础英语课、阅读课和其他途径认知词汇5 500~6 500个(含第二级要求的4 000~5 000个)。

(2)正确而熟练地运用其中的3 000~4 000个词汇及其最基本的搭配。

第三章　自主学习能力培养下的英语词汇教学法改革

六级要求：

(1)通过课堂教学和其他途径认知词汇达 7 000～9 000 个。

(2)能正确而熟练地使用其中的 4 000～5 000 个词汇及其最常用的搭配。

八级要求：

(1)通过课堂教学和其他途径认知词汇达 10 000～12 000 个。

(2)能正确而熟练地使用其中的 5 000～6 000 个词汇及其最常用的搭配。

由上述内容可知,教学阶段和教学对象不同,英语词汇教学目标也应有所不同。

(二)英语词汇教学的内容

英语词汇教学的内容常根据词汇本身所涉及的内容而定。哈默(1991)指出,认识一个单词意味着对其意义、用法、相关信息、语法的了解和掌握。所以,英语词汇教学的内容也基本包含以下四个方面。

1. 词汇的意义

由于母语与所学目的语之间的差异,一些词汇的内涵与外延在两种语言中也不尽相同。词汇意义的理解与语境有着密切关系,语境不同,词汇的含义也会有所差异。因此,在词汇教学中,教师还应通过各种手段使学生理解语境与情景之间的关系。例如：

a treacherous friend 背信弃义的朋友

a treacherous stone 石头不稳

work on a novel 写小说

work on the house 建(修/粉刷)房子

work on a branch of a tree 削树枝

可以看出,同一词汇在不同的语境中会有不同的含义。因此,在英语词汇教学中教师应有意识地引导学生,使学生了解和掌握词汇在不同语境的不同含义。

2. 词汇的用法

在英语词汇教学中,教师不仅要让学生掌握词汇的含义,更重要的是要让学生学会使用词汇,也就是掌握词汇的用法,即词汇的搭配、短语、习语、风格、语域等。例如,人们通常都会用 hot 形容热,这是在书面语中的用法,如果在口语中会有不一样的意思,如人们说"That is a hot guy."在这里 hot 是形容一个人身材或是长相很吸引人。

其中,词汇搭配在英语学习中十分重要,因此也是英语词汇教学的重要内容。在具体的语境中,一个词往往要求和某些特定的词汇搭配。例如,allow,permit,consider,suggest 等这类动词后不能接不定式,只能接动名词。此外,有些词组是固定搭配,不能混用。例如,out of question 的意思是"没问题",out of the question 的意思是"不可能",两者的结构十分相似,意义却相差甚远。

3. 词汇的信息

词性、词缀、词的拼写和发音等即词汇的基本信息,此外构词法也属于词汇信息的范畴。

关于英语词缀,夸克(Quirk,1985)在《英语语法大全》中分别对英语前缀和后缀进行了分类,将前缀分为九大类,共 51 个,将后缀分为四大类,共 50 个。

此外,英语是一种拼音文字,在学习英语词汇时就必须要掌握单词的读音和拼写形式。所以,在教学过程中,应使学生认真总结单词里的每个音节的读音规律,把单词的拼写形式与其读音联系在一起,把单词拼写形式和读音之间建立一种对应关系,以掌握英语词汇的读音和拼读两个基本要素。

4. 词汇的语法特点

词汇的语法特点又称"词法",主要包括名词的可数与不可数、动词的及物与不及物、及物动词的句法结构等,它们也是英语词汇教学的重要内容。具体来讲,词汇的语法就是要解决诸如动词接什么样的宾语,是接不定式还是动名词,是接从句还是复合宾语,如何安排副词短语的位置等问题。

三、英语词汇教学的原则

为了更加有效地组织词汇教学活动,促进词汇教学的进步,提高学生的词汇能力,教师在教学中应遵循以下几项科学原则。

(一)目标分类原则

所谓目标分类原则,即根据学生的学习特点、具体需求等来制订词汇

第三章 自主学习能力培养下的英语词汇教学法改革

学习目标。具体而言,英语词汇的学习目标可分为三类,即过目词汇、识别词汇和运用词汇。过目词汇指的是在表达过程中起配合作用的词汇。在学习过程中,学生只需要大体了解这类词汇即可。识别词汇指的是能够根据语境理解的词汇,学生在阅读过程中可以通过上下文等手段了解其含义。针对这种词汇,学生只需要了解其语义即可,不需要掌握词汇的属性与用法。运用词汇是学生词汇学习的重点,使用频率较高。但需要指出的是,不同的专业、不同的行业其语言使用的侧重点不同,因此运用词汇也会有所差异。大学英语教学并不要求学生掌握所有的词汇,这样不仅不现实,也没有效率。教师应根据具体的教学目标和学生的学习情况,有选择性地让学生学习词汇。

(二)循序渐进原则

英语词汇教学应遵循循序渐进原则。这一原则是指词汇教学应该在数量和质量平衡的基础上对所教内容逐层加深。在循序渐进原则的指引下,英语词汇教学并不能单纯追求词汇掌握数量,也应该重视词汇掌握的质量与数量程度,应该做到在增长词汇数量的基础上,提升词汇使用的熟练程度。在词汇学习中,质和量是分不开的,词汇越多,词汇之间的联系性与系统性就越强,学生进行词汇巩固的自然度就越高。逐层加深指的是在词汇的教学中不可能一次性教授词汇的所有语义,学生也不可能一次性掌握全部知识点,词汇的教学与学习应该由浅入深地进行。由此可见,词汇教学要避免急于求成。教师要引导学生切实掌握每一个单词意义和用法,并且由浅入深不断推进,以提升学生的学习效率和教学的效果。

(三)兴趣激发原则

在英语学习中兴趣发挥着巨大的作用,这一点是不可否认的。在大学英语词汇学习中,兴趣同样发挥着重要的作用。如果学生对英语词汇学习有兴趣,那么学生就会有持续的动力,词汇学习就会一直坚持下去,而且学生会带着强烈的欲望去练习英语,寻找一切机会提高自己的词汇水平,在不知不觉中,学生的词汇能力就有所提高。反之,如果学生对词汇学习失去兴趣,那么学生将没有学习的动力,学习效果也会不佳。因此,在英语词汇教学中,教师应有意识地激发学生的学习兴趣,通过设置多样的教学活动来调动学生的好奇心,进而培养学生的词汇能力。

(四)词汇呈现原则

在教授学生英语词汇知识时,教师首先要向学生呈现词汇,这是词汇教学的首要步骤。词汇呈现能够使学生对词汇产生第一印象,在很大程度上影响着学生词汇学习的兴趣,因此教师在词汇教学中应遵循词汇呈现原则,坚持呈现的情境性、趣味性和直观性。呈现的情境性是指在词汇呈现过程中将词汇置于一定的情境当中,让学生在不同的情境中了解词汇的意义。呈现的趣味性是指在词汇呈现过程中采用不同的方式和形式,以激发学生学习的兴趣。呈现的直观性是指在呈现词汇时使用实物、道具等展示具体词汇。词汇呈现对后续词汇教学有着重要的影响,教师可以从具体的学生情况、教学条件等角度出发丰富词汇呈现方式。

(五)回顾拓展原则

遗忘是学生在词汇学习中遇到的普遍问题,而且学生每天都在学习新的词汇,如果不对已经学过的词汇进行复习和巩固,就更容易遗忘学过的词汇,因此在词汇教学中教师要遵循回顾拓展原则,即将新旧词汇相结合,利用已教授过的词汇来教授新的词汇,这样既能让学生巩固已学过的词汇,又能有效拓展新的词汇。需要注意的是,词汇知识的回顾是为词汇的拓展服务的。教师需要拓宽学生的词汇接触面,增强学生对词汇的理解程度,在原有词汇基础上提升学生的语言运用能力。

(六)联系文化原则

词汇学习的最终目的是运用所学词汇知识进行跨文化交际,而且词汇与文化关系密切,所以英语词汇教学的开展需要遵循联系文化原则。在词汇教学过程中,无论是在词义、结构方面都应该和语言背后的文化相联系。对于语言文化的理解有助于加深学生对词汇的理解,并使学生能够掌握词汇演变的规律,更加全面、有效地使用词汇。例如,news 事实上是由 north,east,west 和 south 每个词的首字母构成。了解了这一点,学生就不难理解其含义为什么是"新闻"了,因为 news 是来自四面八方的消息。可见,英语词汇教学的展开要充分考虑文化因素,这样才能使学生对词汇有更加深刻的认识,也才能更加有效地使用词汇。

(七)词汇运用原则

词汇学习是为了运用词汇,所以在英语词汇教学中,教师要遵循词汇运用原则,在向学生传授词汇知识的同时,注重学生对词汇的使用,即从语境和语言运用的角度让学生理解词汇的具体用法。具体而言,词汇运用原则要求教师在教学中做到以下几点:首先,词汇运用活动的设计应该符合学生的特点;其次,在词汇教学过程中应该培养学生的词汇联想能力;最后,词汇教学过程中要注意词汇练习,保证练习的质量,切实有效提升词汇运用效果。

四、英语词汇教学的现状

目前,英语词汇教学有了较大的改进与发展,但仍然不乏一些问题存在。下面就从教师和学生两个方面来分析英语词汇教学与学习的现状。

(一)教师教学的现状

1. 教学方式陈旧

对于词汇学习而言,记忆至关重要,但记忆词汇是非常枯燥的,这就需要教师来缓解这种枯燥,即灵活采用多样化的教学方法来营造轻松的课堂氛围,激发学生积极学习。但是,在现在的英语词汇教学中,教师依然采用传统的教学方式,即教师带领学生读,讲解重点词汇用法,学生记忆单词。这种单一、乏味的教学方式不仅忽视了学生的主体地位,让学生始终处于被动的学习状态,而且也不能有效调动学生的积极性,甚至会引发学生的抵触情绪,这样是很难提高词汇教学的效率的。

2. 教学缺乏系统性

现在的英语词汇教学普遍缺乏系统性。从小学到中学再到大学,所有的英语课本所包含的课文,其内容的主题都没有一个系统可循,几乎每一册课本都可能包含十个甚至更多的主题,如生活常识、人物事件、生态环境、旅游观光、社会道德、天文地理、历史经济等。词汇的联系在于词义,如果课文没有一个共同的主题,则其所含词汇就没有一个共同的纽带和轴心,也没有一个共同的知识体系可以依附,因而也就不能形成一个可以展开或聚合的体系。这就导致词汇教学时也缺乏系统性,学生在对这些词汇进行应用、记忆、复述、联想时必然陷入一种无章可循的散乱状态。这种缺乏系统性的教材以及教学方法最终导致学生的英语词汇学习普遍患有一种反反复复、种多收少、进步慢、效率低的顽症。可以看出,词汇教学缺乏系统性正是这种顽症的根源,只有把英语学习纳入知识系统学习的轨道,用专门的知识系统来引领和组织英语词汇学习,学生才能更加有效地学习和掌握英语词汇。

3. 教学缺乏学习策略指导

现在的英语词汇教学中,教师普遍缺乏对学生学习策略的指导,教学显得十分零散。甚至不少教师认为词汇的学习应该依靠学生自己积累。而且,很多教师只肤浅地简要介绍词汇的表面含义,将拼写和词义孤立起来,不注重对词汇文化背景的挖掘,缺乏对学生学习策略的指导,进而导致学生学习效率不高。教师通常会将单词写在黑板上或者通过多媒体设备呈现并讲解,这种脱离语境的讲解会让学生倍感无趣,缺乏学习的兴趣。部分教师也没有合理利用信息技术来服务词汇教学,没有对学生的词汇学习策略和记忆技巧加以指导,更是忽视学生的课外学习,这些都会对学生的有效学习产生影响。

4. 教学缺乏实践性

学习词汇的最终目的是运用词汇,并不是积累词汇知识,从这一角度而言,交际也是最能检测学生词汇的学习情况。在词汇学习过程中,遗忘快是学生普遍存在的问题,虽然学生当时记住了单词含义,但如果长时间不用就会逐渐生疏甚至遗忘。因此,在英语词汇教学中,教师不仅要重视学生对词汇的积累,还要重视学生对词汇的使用,将两者结合起来,让学生在实际的交际活动中加深对词汇的理解和巩固。

5. 忽视学生的主体地位

现代的教学理念强调,词汇教学要以学生为中心,要突出学生的主体地位,同时要求教师要积极转变角色,由课堂教学的主体转变为学生学习的引导者,充分发挥主导作用。但现实情况是,这种教学思想并没有得到落实,在英语词汇教学中,学生的主体性仍常常被忽视。

教师在英语词汇教学中应加强对学生运用能力的培养和智力的开发,应重点培养学生的记忆力、观察力、想象力、思维能力以及创造能力,但这些并不是教师关注的重点,他们往往只关注自己的教学,忽略学生的学习情况。在具体的教学中,教师常向学生大量灌输词汇含义、词汇规律、词汇搭配等知识,而忽视了学生的感受,没有考虑学生是否感兴趣、是否需要,更没有顾及学生的接受效果。实际上,经过多年学习之后,学生已经掌握了一定量的词汇内容,也拥有了对词汇规律进行归纳和总结的能力,此时教师应将主动权交给学生,积极引导学生独立进行思考和归纳词汇规律,教会学生如何学习词汇。

第三章　自主学习能力培养下的英语词汇教学法改革

6. 忽视学生的个体差异

传统教学观念的存在使得教师在词汇教学中忽视了学生的个体差异。在课堂学习中,学生的词汇学习基础、学习方式、理解能力和接受能力都是不同的,如果教师忽视学生的个体差异,不能做到区别对待、区别要求,是不可能实现因材施教的。这种齐步走的教学只能照顾到部分学习能力较强的学生,学习能力较差的学生则很难得到提高。时间一长,学生会对词汇学习产生畏惧和厌烦情绪,进而失去对词汇学习的兴趣。此外,词汇记忆的方法有很多,不同的学生会采用不同的记忆方法,但总体而言,记忆效果并不佳。这就需要教师分析学生的个体差异和记忆方法差异,帮助学生找到适合自己的学习方法,从而增强学生学习的信心。

(二)学生学习的现状

1. 死记方式不佳

记忆对于词汇学习而言是非常重要的,所以学生也十分重视对词汇的记忆,常通过死记硬背的方式记忆和积累词汇。学生虽然采用死记硬背的方式一时记住了单词,但一时背下来的单词是很难深刻记忆的,而且容易遗忘。实际上,每个词汇只有在实际的语境中才具有准确、清楚的含义,所以学生在理解和记忆词汇时应结合具体语境,这样才能增强记忆的效果。

2. 重数量轻质量

数量的积累和质量的把握是词汇学习中重要的两个方面,二者相辅相成、相互统一。如果只重视数量而轻视质量,那么词汇学习将毫无意义;如果保障了质量而数量积累不足,那么词汇学习将难以进展。质量是数量的基础和前提,数量是质量的表现,只有将两者相平衡,才能实现最佳的学习效果。但在学习实践中,学生普遍注重数量而轻视质量,只满足于对数量的积累,这非常不利于对词汇的理解和运用。

3. 重词义轻用法

词汇学习不仅要学习词汇的含义,还要学习词汇的用法,但学生词汇学习过程中常在词义的理解上投入大部分精力,这就导致学生只清楚单词的含义,而不明白单词的常用习惯表达以及相关习语等用法,进而造成学用脱节,在实际表达中不能有效运用。

4. 缺乏探究意识

学生在学习词汇的过程中,普遍缺乏探究意识,往往依靠教师的课堂教授来获得词汇知识。具体而言,学生缺乏对英语词汇构词规则的主动探索,缺乏对词汇文化背景的探究,也缺乏对词汇之间联系的主动探究。因为缺乏好奇心和探究意识,学生很少在课后独立学习,一旦没有教师的督促,学生就会感到束手无策,而这非常不利于学生的词汇学习和创造力的提升。

第二节 英语词汇教学法改革

英语词汇教学的有效开展离不开新颖的教学方法,合理使用有效的教学方法可显著改善词汇教学的现状,提高词汇教学的效率。因此,在具体的英语词汇教学中,教师应不断创新和使用新颖的教学方法。

一、任务型教学法

任务型教学法注重任务的真实性,强调以人为本,将学生置于教学的中心地位。用任务型教学法进行教学,可有效激发学生的学习兴趣和内部学习动机,真实自然的教学任务能够为学生营造语言运用的氛围,给学生留下深刻的印象,进而能够收到良好的教学效果。

在英语词汇教学中运用任务型教学法时,要遵循四项基本原则,即以学生为主体、情境真实、阶梯形任务链、在做中学。此外,采用任务型词汇教学法,关键的一点是设计好符合学生的各项任务,任务要具有可操作性,具有实际意义,能激发学生的兴趣和动机,能够让学生经历一些挑战、竞争,使学生感受到成功的喜悦,体验失败的遗憾,并深入挖掘学生的智慧潜能,使学生成为独立的学习者。

具体来讲,英语词汇教学的任务设计包含以下几个步骤。

(一)课前准备

在开始实施任务之前,教师首先根据教学目标导入与课上内容相关的主题,并设置好学生感兴趣的切入点,为下一步任务的实施做好准备。教师可以利用影音设备让学生通过跟读、复读和大声朗读等方式对已提供的生词建立起音、形、义的初步印象和概念。在词汇的口语和视听之间建立起联系,使学生在听到或要说到该词时能够迅速反应。

(二)任务准备

当学生对单词有所认识之后,教师就可以为学生分配和布置任务。需注意的是,任务设计、任务选择、任务执行等必须科学实际、灵活开放、以人为本、为生活服务、注重实践并讲求实效。教师也可以根据教学目标和教学内容等,采用多样化的任务形式,或者将两种或两种以上任务形式相结合。例如,听说结合;情境表演任务;分组讨论;单词串联,故事接龙;自编对话;奇思妙想记单词;表演自编故事;词形联想,找出规律;复述课文,强化记忆;每日几题,巩固词汇等。此外,根据任务的不同以及教学效果的考虑,可以对学生分成几组,以增加互动性和竞争性。此外,在这一阶段,教师让学生明白任务的要求和规则,以便更好地实施任务。

(三)任务实施

在具体实施任务阶段,学生将头脑中已有的知识体系与教师布置的任务相结合,充分发挥其主观能动性,积极主动地投入思考,通过成员间的交流不断完善旧的知识体系并建立起新的知识系统,真正实现变被动学习为主动学习。实践证明,动手、动脑是学生学习的最好方式。在这一过程中,教师的角色发生了改变,由传统的知识传授者变为了任务的组织者和活动的监督者,其主要任务是鼓励和引导学生顺利完成任务,并适时提供帮助。在整个过程中,学生能够切实感受到自己是学习的主人,学习的积极性自然会提高。

(四)任务结束与评价

当学生实施完任务之后,教师可组织学生互评、互测,及时发现问题和检验任务效果。针对学生出现的错误,教师要及时指出并更正,要给予有针对性的、以鼓励为主的评价,进而加深学生对词汇的理解和记忆。

(五)教学反思

在词汇教学中实施任务型教学时,教师要反思和注意以下几个方面的内容。

(1)要以激发学生的学习主动性为出发点。教师设计的任务要尽量真实,贴近学生生活,具有实际意义,使学生有话可说,让学生能够积极参与到任务中来。在词汇的教学过程中,游戏是一种激发学生学习主动性的有效方式之一。竞赛游戏更是利用小组成员内部的合作和小组之间的竞争代替了乏味的单词听写,使枯燥的词汇学习增加了更多的趣味性。学生们在充满学习乐趣的环境下容易记住需掌握的词汇。

(2)面向全体学生,尽量让每位学生都有成功的体验。任务型教学要充分考虑每位学生学习的个体差异,又要最大限度地促进每位学生的充分发展。此外,还要考虑任务的难度,过易,达不到训练学生的目的;过难,容易挫伤学生的积极性和自信心。因此,任务型教学的核心是要求教师根据学生的水平差异,设计不同层次的任务,力求使每位学生都得到有效的发展,这样学生才能感受到成功的快乐,从而产生更持久的学习热情。

(3)及时为学生提供帮助。在任务型教学中,教师是任务完成的帮助者,教师应在布置完任务后,尽快到学生中间去,帮助他们解决在完成任务过程中遇到的问题。在单词建构阶段,有些学生可能存在发音问题或无法理解要学的单词在书中的用法,此时教师就应及时提供帮助,以免学生的积极性受到不良影响。

(4)及时总结课堂教学。在课堂教学中,教师要及时对教学情况进行总结,包括对学生成果展示的评价以及对所学单词用法的补充。对学生成果展示的评价要有针对性,要及时纠正学生在完成任务时所犯的错误,善于发现学生的闪光点并及时给予表扬。采用任务型词汇教学,不能单纯靠学生执行任务来完成词汇的学习。教师需要在学生任务结束之后进行补充,并将教学内容加以归纳总结,帮助学生抓住要点难点。

二、文化教学法

词汇与文化有着密切的关系,因此英语词汇教学不可忽视词汇文化知识的融入,教师可以采用文化教学法开展教学,即在英语词汇教学中融入文化知识,以丰富学生的文化知识,提高学生的词汇运用能力。具体来说,教师可采用以下几种方法开展文化教学。

(一)融入法

我国学生都是在汉语环境下学习英语,很少接触英语环境,更是较少了解英语文化,所以在遇到与课文相关的文化知识时,往往会感到迷惑。此时,教师就要积极发挥其主导作用,在课堂教学中融入一些英语文化知识,即在备课时精选一些典型内容与教学相关的文化信息材料,将它们恰到好处地运用到课堂上,以增加课堂教学的知识性、趣味性,活跃课堂气氛,加深学习内容的深度和广度,激发学生的求知欲。例如,对于 the Big Apple 这一表达,学生基本知道其字面含义,也有部分学生知道其是纽约市的别称。但大部分学生并不知道其为什么是纽约的别称,此时教师可以向学生介绍美国的历史文化,这样既能丰富学生的英语文化知识,又能拓宽文化的视野。

(二)扩充法

课堂教学是十分有限的,但课外时间是非常充足的,教师可引导学生充分利用课外时间来补充文化知识,具体可采用以下几种方式。

1. 推荐阅读

在有限的课堂教学时间内,教师不可能将全部的词汇知识都传授给学生,对此教师可以引导学生进行课外阅读,一方面使学生充分利用课外时间扩大学生的知识面,丰富学生的词汇文化知识,另一方面可以培养学生的自主学习能力。教师可以选择性地向学生推荐一些英美国家的社会文化背景知识的优秀书刊,如《英语学习文化背景》《英美概况》以及《中国日报》(China daily)等,还可以引导学生阅读原文名著,让学生深刻体会英美民族文化的精华,从而扩大学生的词汇量,丰富学生的文化知识。

2. 观看英语电影

观看英语电影也是丰富学生词汇量和文化知识的重要方式。很多英语电影都蕴含着浓厚的英美文化,而且语言通俗、地道,教师可以引导学生观看一些英语电影。通过观看电影,学生的积极性会被激发,而且能有效提高学生的文化素养和英语能力。

3. 开展实践活动

丰富的语言文化知识和灵活的实践应用能力是构成跨文化交际能力的重要部分,跨文化交际能力就是通过实际交际来感受不同文化间的差异,从而形成对文化差异的敏感性,并在交际实践中调整自己的语言理解和语言产出。因此,教师应积极为学生创设情境,鼓励学生积极参与实践活动,从而丰富学生的词汇文化知识。教师可以组织学生参与英语角、英语讲座等,让学生接触地道的英语,在英语语境中学习文化知识。

(三)对比分析法

英汉文化差异显而易见,通过对英汉文化的对比分析,可以对英汉文化有一个更加深入的了解,也能获得跨文化交际的敏感性。因此,在英语词汇教学中,教师应有意识地对中西词汇文化进行比较分析,使学生了解中西文化差异，深刻理解和掌握词汇文化内涵。

具体而言，教师可以通过向学生讲述及对比中外美食的差异，达到学习内化有关食物(food)、食材(material and stuff)、味道(flavor and taste)、质地(texture)等英语词汇的目的。具体来讲，课前要求学生观看《舌尖上的中国》(A Bite of China)、《食神》(The God of Cookery)等影片及视频，并根据影片视频中的英文字幕了解相关内容及词汇表达，并制作PPT。然后在课堂上以小组为单位进行讨论，要求学生根据之前观看的影片内容以及结合课内单元所学的词汇把单词罗列出来，并通过网上搜索的形式进行补充、汇总。接着教师呈现一些单词，如 cookie, pastry, popcorn, biscuit/cracker, porridge, spring rolls, tofu, French fries, potato chips, asparagus, bland, soggy, crispy, buttery, crunchy, oily, creamy, sour, spicy 等，单词可以以图片结合文字、实物等形式用PPT在投影上展示，在规定的时间内让学生熟悉。另外，教师还要为学生提供一些重点句型，如"This is my favorite…; Why don't we…; My suggestion is…; If I were you, I would…; It might be a good idea for us to…; I prefer…to…"等。进而要求学生将关于中国美食（包括地方美食）、欧美地区美食、东南亚美食、拉美地区美食及饮食文化习惯的词汇进行归类，以小组为单位，利用多媒体教室的电脑对之前做的PPT进行修改补充。

然后，将学生分为四人小组，或让学生自行组成四人小组，可以结合自身的旅游经历，运用之前补充并学习的词汇来描述国外美食、中华传统美食包括家乡地方美食，并谈论自己喜爱的食物，或进一步运用词汇和短语讨论美食与健康养生之间的关系。例如：

I prefer spring rolls（春卷），chow mein（炒面），jiaozi（饺子）and wonton（馄饨）are also my favorite, why don't we have a try?

I lived in Thailand for 6 months, so I love Thailand food so much. Maybe it's too spicy for you, but not for me. I came home a month ago. The food in my hometown tastes so bland—I don't like it anymore.

I have a "sweet tooth", which means I like sweet food. Dessert is my favorite; I like anything with chocolate in it.

I think I am overweight, so I need to go on a diet. I have to give up my favorite buttery food. Actually I know the creamy and buttery food is bad for my health. But it's too hard.

Indeed I prefer healthy foods to buttery, oily or sweet food. Actually vegetables and fruits supply more vitamins, fibers and minerals, which are quite good for health.

第三章　自主学习能力培养下的英语词汇教学法改革

最后,教师让学生上台展示所做的 PPT 内容,描述中外各国美食,并发表自己的看法。

通过这样的活动,学生充分获得了运用各种词汇和短语来描述东西方饮食文化的机会,学习的兴趣会得到充分激发,而且能将所学的知识运用于实践,提高跨文化意识和能力。

三、词汇游戏教学法

随着信息时代的发展,计算机和网络技术飞速发展,随之网络游戏也得以快速发展。网络游戏改变了单一的人机对话方式,开始逐步强调人性交流,它为游戏者提供了一个逼真、互动、多样、平等的虚拟世界,作为一种新的教育方式迅速普及和发展起来。

现在形式多样的教育游戏软件已大量出现,通过这些游戏软件,学生可以在玩游戏的过程中理解和掌握需要学习的单词,如跳跳熊单词拼写游戏、单词游戏乐园、玩游戏背单词等英语词汇教育游戏软件。学生通过运用这些词汇教育游戏软件,可以在游戏的语境中练习各类单词的发音、拼写、记忆等。词汇教育游戏的广泛应用,有利于提高学生学习英语词汇的乐趣。游戏能为学生提供和创设自然、丰富、逼真的学习环境,激发学生的兴趣,使学生在愉悦的氛围中不自觉地掌握所学的知识。

教师也可以应用游戏来改进传统词汇教学模式的弊端。通过运用英语词汇教育游戏进行英语课堂教学,有利于转变传统的词汇教育模式。生动活泼的小游戏能够使得学生更好地理解和掌握自己所学的词汇,从而快速、准确地熟悉各类短语和对话。总体而言,词汇教育游戏的教学方式有利于克服传统词汇教学方式单调陈旧和课堂组织形式保守等各种弊端。

而且,教师可以应用词汇教育游戏为学生创设真实、地道的英语词汇学习环境。一方面,以多媒体作为主要载体的教育游戏能够为学生创设良好的学习英语的环境。学习时可以提供真实、地道的语音资料,配以原汁原味的英美文化插图、游戏。让学生有种身临其境的感觉,会不自觉地将自己置身于英语语言环境中学习英语词汇。另一方面,学生可以在玩游戏的过程中体验西方文化,加深中西文化差异的理解。教育游戏可以为学生学习英语提供非常感性的材料,教育游戏可以将学生学习的背景文化设计成各种游戏情节,在学生体验游戏的同时,加深学生对西方背景文化的全面了解。

但要指出的是,教育游戏具有两面性。教育游戏有着积极的一面,能够给学生创造真实的语言环境,提高学生学习词汇的积极性和效率;但教育游戏也有消极的一面,由于青少年并不具有良好的自我约束能力,很有可能沉溺于网络游戏的虚拟世界中,而危害身心健康和影响学习。所以,教师在运用游戏教学方法时,要辩证地看待游戏,并引导学生合理、有效地开展游戏。

第三节 提升英语词汇自主学习能力的策略

学生词汇水平的提高仅仅依靠教师的课堂教学是不够的,还需要学生积极自主地学习,但有效的自主学习需要学生具备一定的自主学习能力。对此,教师可通过以下几种策略来提升学生的英语词汇自主学习能力,帮助学生更好地学习。

一、明确学习目标

词汇学习目标是指导学习进程的方向性指标,能够避免学生漫无目的地进行词汇学习。学习目标根据不同的学习阶段与学习方式可以分为短期、中期、长期目标。学生可以在教师的指导下制订自身明确而具体的短、中、长期计划,既要包括词汇学习的数量目标,也要包括词汇学习的质量目标。

学生的词汇短期目标可以针对具体的学习课程,联系本专业进行。而长期目标可以联系自身的职业倾向,进行方向性词汇学习,从而为日后的语言交际打下良好的词汇基础。

这种明确的词汇学习目标能够使学生意识到英语词汇学习和自身的密切联系,从而正视自身在英语词汇教学中的主体地位,提高学生英语学习的积极性。

二、选择学习方法

科学而有效的学习方法是高效开展词汇自主学习的基础和保障,能显著节省学生的精力与时间,取得事半功倍的效果。在词汇自主学习中,学生可以确定自身的词汇学习偏好,在分析自身的基础上,选择自己感兴趣的词汇学习方法。

三、不断复习

复习是加深理解和巩固词汇的有效方法。在词汇自主学习中,学生要管理和调控自身的词汇复习频率,保证词汇记忆效果。复习时可以调动多种感官,如视觉、听觉等,从而丰富词汇在脑海中的印象。在日常生活中有意识地使用词汇也是进行词汇复习的有力途径。

四、掌握记忆策略

学生在习得英语词汇过程中,要想扩大词汇量,记忆是必要条件。而要想有效记忆词汇,就要认识记忆规律,并在此基础上掌握记忆策略,进而有效运用。具体来讲,学生可采用以下几种策略来记忆词汇。

(一)归类记忆

1. 按词根、词缀归类

在记忆词汇时,通过词根、前缀和后缀来记忆可有效提高记忆效率,使学生逐渐扩大词汇量,而且也能降低词汇记忆的枯燥感。例如:

re-(表示"再、复"):react(反作用)、rebuild(重建)、reconsider(重新考虑)、reaffirm(重申)

sub-(表示"下、次、分"):subnormal(低于正常的)、subway(地下铁道)、subheading(小标题)、submarine(潜艇)

2. 按题材归类

日常交际会涉及多个不同的话题,针对某一话题,教师可将与这一话题相关的词汇进行归类教授,这样可使学生的词汇学习形成系统,有一个系统的记忆,如图3-1所示。

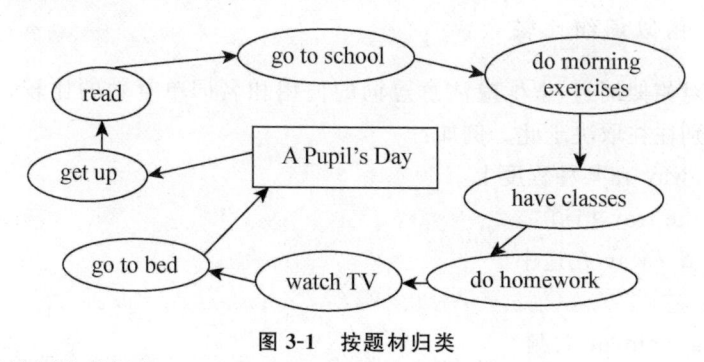

图3-1 按题材归类

(资料来源:林新事,2008)

通过图3-1可以看出,与"A Pupil's Day"这一话题相关的单词有很多,这样记忆更加系统,而且更加有效。

(二)比较记忆

在记忆词汇的过程中,一些词与词、短语与短语之间的相同、相近、相异之处尤其让学生感觉困惑,此时就可以运用比较记忆策略,在比较中把握词汇含义,加深词汇记忆。

1. 近义词比较

近义词间意义相近,但也存在一些细微差别,通过比较近义词,可以有效区分这些单词,并加以掌握。例如,ascend,enhance,hoist,heave,elevate 这五个词都有"上升"的意思,但 ascend 一般是位置的上移,它所对应的反义词是 descend;而 enhance 一般是对好的抽象事物的提高,如 efficiency,reputation 等,这些都是褒义词,又都是抽象的,可以放在 enhance 后作宾语;hoist,heave,elevate 一般是指升高实际存在的重物,如 building materials 等。

2. 近形词比较

近形词就是单词间拼写十分相似的单词。比较分析近形词,能帮助学生快速掌握一系列单词。例如,clap,slap,flap 这三个单词,是典型的词头相近近形词。clap 意思是拍手(可以把 c 想象成手掌);slap 是打耳光的意思(耳光打在脸上会发出/s/的声音);flap 有两个意思,一个是小鸟振翅而飞(fly),另一个表示旗帜(flag)随风飘动,fly 和 flag 中都有 f,这样三个词就区分开来了。

3. 相似词组比较

针对相似词组,学生应注意冠词的使用和名词单复数的比较,它们的意义差别往往取决于此。例如:

in a way 在某种程度上
in the way 挡道
on the way 在途中

in a moment 立刻
for a moment 一会儿、片刻
at the moment 此刻

on board 登机、船
on the Board 在董事会

behind the time 过时
behind time 迟到、延误

4. 功能易混词比较

英语中的形容词与副词同形,以下这些不带-ly 的词,既是副词,又是形容词:firm—firmly,first—firstly,dear—dearly,fair—fairly,loud—loudly,quiet—quietly,thin—thinly 等。

此外,同根的两个词,一个可能是形容词或副词,另一个则是根词+-ly 派生出来的,两者的用法和功能可能存在着较大的差异。例如:
deep—deeply:drink deep,deeply regret
easy—easily:go easy,win easily
pretty—prettily:sit pretty,smile prettily
rough—roughly:sleep rough,roughly twenty
sure—surely:I sure I'm late,surely fail

(三)联想记忆

联想记忆就是以某一词为中心,联想出与之相关的尽量多的词汇,这样不仅可以有效记忆词汇,而且可以培养发散思维,如图 3-2 所示。

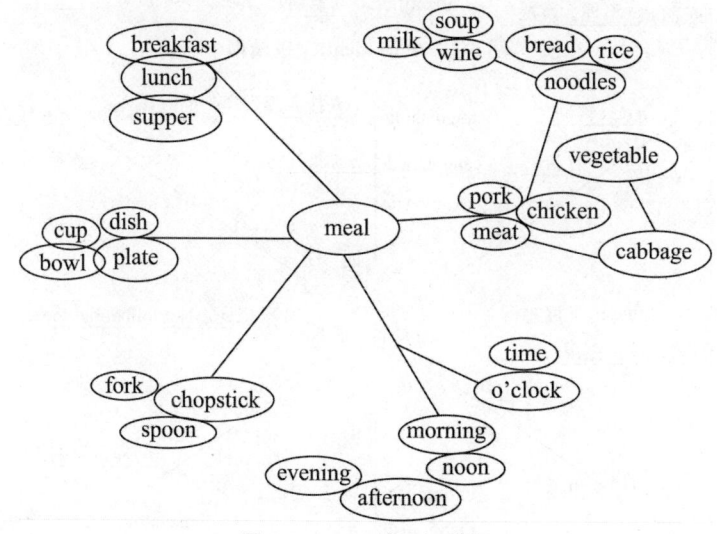

图 3-2 meal 的词汇联想

(资料来源:何少庆,2010)

从图 3-2 可以看出,通过单词 meal 可以联想到与之相关的众多词汇,这不仅能提高记忆的效率,扩大词汇量,还能拓展思维能力。

(四)逻辑网记忆

孤立的学习和抽象地记忆词汇是很枯燥的,而且不利于激发学生的学习兴趣,学习效果也不佳。如果能通过联想来编织出一张张单词网,将孤立的单词汇集在一起,并通过词汇关系,如同义、反义、上下义、前缀、后缀、派生、合成等方式使它们相互联系,这样只要掌握了核心单词,就可以记住与之相关的数以倍计的单词。下面通过 identify 和 anguish 两个单词的逻辑网(图 3-3、图 3-4)就能对这一方法有所了解并掌握。

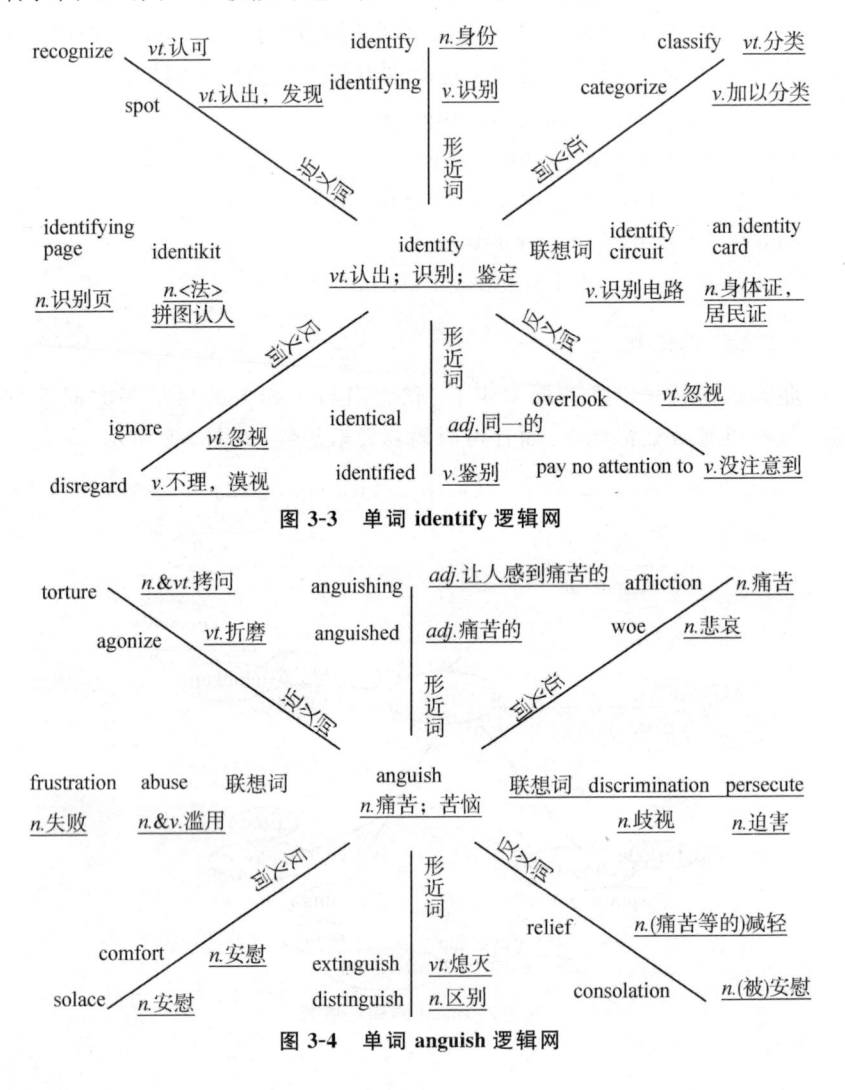

图 3-3　单词 identify 逻辑网

图 3-4　单词 anguish 逻辑网

(五)猜词记忆

词义推测的方式有很多,以下就简单介绍常见的几种。

1. 通过定义推测

有时生词后面会有对其进行解释的话语,此时就可以采用定义推测策略,根据解释性话语来推测生词。例如:

The plant will grow tall and bushy under optimum conditions, i. e., plenty of sunlight, adequate water and regular feeding with plant food. However, if your apartment is not sunny, the plant will remain small.

以上说的是植物生长的条件,生词 optimum 后面有 i. e.,引出了解释性话语,通过这些解释,大致可以推测出 optimum 的意思是"合适的"。

2. 通过常识推测

在具体的词义推测过程中,还可充分利用已掌握的常识知识,这对词义推测是非常有利的。例如:

Fishes live in water and have fins which help them to swim. Most fishes have slimy skins covered with scales, but in fishes such as eels the scales are very small and can hardly be seen.

如果有一些生活常识,就不难推测 fins,slimy 和 scales 的意思了,它们分别是"鳍""滑溜溜"和"鳞",至于 eels,只要知道是 fish 的一种就可以了。

3. 通过同义词或近义词推测

通过同义词与近义词推测就是依据与之词义相同或相似的词汇或表达进行推测词义,这是一种十分有效的方法。例如:

All the other members are of the same opinion. They are unanimous.

通过分析可知,unanimous 与 of the same opinion 是同义词,具体可推测 unanimous 的意思是"一致同意的"。

Cleaning up waterways is an enormous task. The job is so large, in fact, that the government may not be able to save some of the rivers and lakes which have been polluted.

通过分析可知,enormous 与 so large 意思相近,其含义也就很容易推测出了。

4. 通过反义词或对比关系推测

通过反义词或对比关系推测,也是推测词义的一种行之有效的方法。例如:

David is thin but his brother is obese.

明显可以看出,句子中的 thin 和 obese 是反义关系,这样就能推测出 obese 的意思是"肥胖的"。

Vegetarian does not want meat, but may rate the utility of banana very highly, while a meat-eater may prefer steak.

上述句子中的 vegetarian 通过 while 与 meat-eater 对比,由此可推测其含义是"吃素的"。

5. 通过定语从句推测

在具体的词义推测中,还可以充分利用定语从句。例如:

Although dogs and cats often have large families, rabbits are famous for the size of their litters, which sometimes number more than twelve bunnies at one time.

上述句子为了更好地解释 size of their litters,用非限制性定语从句进行了解释,具体可推测 litters 的意思是"一胎生下的小动物"。

关于词义推测的策略还有很多,如通过逻辑关系、背景知识、文章大意等进行推测,但这里不再一一说明。

(六)阅读记忆

通过阅读来学习词汇,不仅可以有效记忆词汇,还能加深对词汇的理解,了解词汇在具体语境中的运用情况。阅读分精读和泛读,通过精读可以进行有意识的记忆,通过泛读可以进行无意识的记忆,在泛读中可以巩固精读中所学的词汇。在具体的学习过程中,学生可将精读与泛读结合起来,从而加深对词汇的记忆。

五、合理运用情感策略

在词汇学习过程中,学生难免会遇到各种困难和挫折,进而很容易产生消极情绪,这时就要及时认识到自己的情绪并加以控制,否则很容易放弃学习。具体而言,学生可采用情感策略来调控自己的情绪。所谓情感策略,是指在学习中认识和调控情绪的波动,减少消极情绪,保持积极态度,

第三章　自主学习能力培养下的英语词汇教学法改革

为自己创造有利于学习进步的愉悦、向上的心境,包括了解自己的情感状态,鼓励自己,降低焦虑程度等。

(一)树立自信心

在情感因素的众多要素中,自信心是第一要素,其他情感因素要在自信心的前提之下才能充分体现它们的作用。有了自信心,人的整个心理状态和精神面貌就会焕然一新,充满拼搏的勇气和决心。自信心不足的原因很多,第一可能是与其他同学相比自己的词汇量很少,上课有时听不懂,不能充分而流畅地表达自己的意思,考试成绩落后等。针对这种情况,不能急于求成,要分析落后的原因,采取相应的措施,有一点进步时要及时鼓励自己。

(二)克服学习焦虑

在词汇学习过程中,学生不可避免地会出现焦虑情绪。焦虑是一种以担心、紧张或忧虑为特点、复杂而延续的情绪状态。心理学家指出,焦虑具有积极价值,它能约束人的行为,它是学习的内驱力量,是注意的基础。一定程度上的焦虑能维持一定的紧张度,集中注意力,提高学习效率。通过使学生处于一种比较高的觉醒和紧张状态,焦虑能促进学生各种知识技能的获得,处理好人际关系,激发最有效的学习行为。但焦虑水平过高则会引起对学习的抑制,焦虑水平过高的学生常表现为精神紧张、心焦、烦躁不安、发愁、抱怨、心绪烦乱等。他们不能集中注意力,难以全神贯注地做某一件事。克服过度焦虑的方法也有很多,可以向同学、朋友、家人诉说,也可以写日记描述自己的心情,从而缓解焦虑。

总体而言,英语词汇学习要以培养学生的自主学习能力为出发点,不断改革与发展,从而提高教学效率,培养学生的词汇能力和英语综合能力。

第四章 自主学习能力培养下的英语语法教学法改革

语法是语言的重要因素,是语言中各个成分的排列规则和规律,要想学会和使用一门语言,语法规则是必须掌握的。学生的语言学习,无时不受语法的支配。语法教学对于学生了解目标语的语法规则和句子结构、掌握语言的使用规则有着有效的帮助作用。当然,学生语法知识的掌握以及语法能力的提高除了依靠教师的授课,还有赖于自己的自主学习。因此,现代英语语法教学应以培养学生的自主学习能力为前提不断进行创新与改革,从而提高语法教学的效率,提高学生的语言水平。本章将对自主学习能力培养下的英语语法教学法改革进行探究。

第一节 英语语法教学综述

语法教学是英语教学的重要组成部分,本节将对英语语法教学的基础内容进行综述,包括语法教学的意义、语法教学的目标与内容、语法教学的原则以及语法教学的现状。

一、英语语法教学的意义

对于语言学习而言,语法教学的意义是不言而喻的。总体来讲,英语语法教学的意义集中体现在以下几个方面。

(一)语法是句子产生的机制

在具体的英语教学过程中,教师常会引导学生进行项目学习,如记忆单词、掌握句子等。但学生的记忆能力是有限的,无法记忆数以万计的英语词汇和句子,此时就需要向学生讲授一定的学习规则和模式,即语法,这样可以帮助学生有效记忆词汇,并利用语法知识创造新的句子。

(二)语法知识具有调节功能

上述提到,学生可以借助语法来组织词汇形成句子。但是在创造这些句子的过程中,由于受语言能力的限制,很多句子在意义上并不完整,这就需要借助语法知识,发挥语法的调节作用,从而实现意义表达的清晰性和准确性。

(三)语法教学促使学生关注语法现象

语法教学可以促使学生更加关注语法现象,这对于学生长远的语言学习十分有利。这里以英语教学专家施密特(Schmidt)的学习经历为例进行具体说明。施密特在巴西学习西班牙语时参加了一个西班牙辅导班,这个辅导班十分重视语法教学。学习结束之后发现,施密特的西班牙语进步很快。他发现在与人交流的过程中,一些语法项目用得很频繁,而且这些语法项目在之前的辅导班上都学过。他还发现自己越是重视这些语法项目,对其掌握得就越牢固,因此他认为注意是习得的前提。由此可以看出,尽管学生在课堂上学习的语法知识还不能帮助其有效地进行交际,但这些语法项目会使学生更加关注之前未注意的语法项目或语法现象,进而可以为学生今后的语言学习奠定基础。

(四)语法教学是英语教学的重要手段

语法能够使概念和语境之间建立起联系,从而帮助学生提高英语水平,所以语法教学一直是英语教学的一个重要组成部分。当前我国的语法教学存在一个严重的问题,即为学语法而学语法。这一现象背离了语法学习的目的,往往导致语法教学效果欠佳。事实上,语法只是学生学好英语的一个途径,而不是英语学习的最终目的。因此,语法教学应该做到以技能为核心、以实践为纲,引导学生正确的语法学习思路。

(五)语法教学帮助学生夯实语言基础

语法不仅对英语这门语言的输入有着重要的影响,对英语这门语言的输出也有着相应的影响。在英语中,输入词汇通常也需要依赖于语法的帮助。条件相同,如果学生的英语语法知识储备不够完和系统,那么就会在无形中对语言的输入造成严重的影响;如果学生的语法知识掌握较好,那么他们对英语语言符号的输入和处理就更高效。可见,没有有效的语言输入,就很难进行有效的语言输出,语言输入是语言输出的先决条件。从这一层意义上进行分析,就对语法教学在英语教学中所发挥的作用和所处的地位非常明确了。

(六)语法教学使英语听说能力趋向精确化

通过英语语法教学,学生的听力理解和口语表达能够向精确化方向发展,并且能使听力理解和口语表达更加精确。语法是一种重要的语言组织规则,在学生的词汇量有限的情况下,能够帮助学生遵照相应的语法规则创造出无限的句子。从这一点上进行分析,进行语法学习其实还很好地迎合了语法交际任务这一目的。

二、英语语法教学的目标与内容

(一)英语语法教学的目标

丰富学生的语法知识,提高学生的语法能力,促使学生有效地进行跨文化交际,这是英语语法教学的主要目的。关于英语语法教学的目标,《全日制义务教育普通高级中学英语课程标准(实验稿)》对此做出了如下规定。

二级目标:
(1)知道名词有单复数形式。
(2)知道主要人称代词的区别。
(3)知道动词在不同情况下会有形式上的变化。
(4)了解表示时间、地点和位置的介词。
(5)了解英语简单句的基本形式和表意功能。
五级目标:
(1)了解常用语言形式的基本结构和常用表意功能。
(2)在实际运用中体会和领悟语言形式的表意功能。
(3)理解和掌握描述人和物的表达方式。
(4)理解和掌握描述具体事件和具体行为的发生、发展过程的表达方式。
(5)初步掌握描述时间、地点、方位的表达方式。
(6)理解、掌握比较人、物体及事物的表达方式。
八级目标:
(1)进一步掌握描述时间、地点和方位的表达方式。
(2)进一步理解并掌握比较人、物体及事物的表达方式。
(3)使用适当的语言形式进行描述和表达观点、态度和情感等。
(4)学习并掌握常见语篇形式的基本篇章结构和逻辑关系,并能根据

第四章　自主学习能力培养下的英语语法教学法改革

特定目的有效地组织信息。

九级目标：

(1)在八级要求的基础上，进一步理解语法形式的表意功能，并能有效地运用。

(2)逐步接触和了解较为复杂的语言现象，对较复杂的语言现象有一定的归纳、分析和解释的能力。

关于英语语法教学的目标，《高等学校英语专业英语教学大纲》提出了具体要求，介绍如下。

入学要求：

(1)能识别词类。

(2)区分名词的可数性和不可数性，区分可数名词的单、复数形式。

(3)基本掌握各种代词的形式与用法、基数词和序数词、常用介词和连词、形容词和副词的句法功能、比较级和最高级的构成及基本句型、冠词的一般用法。

(4)了解动词的主要种类、时态、语态及不定式和分词的基本用法、句子种类、基本句型和基本构词法。

二级要求：

掌握主谓一致关系、表语从句、宾语从句、定语从句和状语从句等句型、直接引语和间接引语的用法、动词不定式和分词的用法、各种时态、主动语态、被动语态和构词法。

四级要求：

(1)熟练掌握主语从句、同位语从句、倒装句和各种条件句。

(2)初步掌握句子之间和段落之间的衔接手段。

六级要求：

较好地掌握句子之间和段落之间的衔接手段，如照应、省略、替代等。

八级要求：

(1)较好地掌握句子之间和段落之间的衔接手段，如照应、省略、替代等。

(2)熟练地使用各种衔接手段，连贯地表达思想。

(二)英语语法教学的内容

与英语其他方面的教学相比，语法教学中的知识点较零散，主要包括词法、句法、章法和功能。

1. 词法和句法

初级阶段的语法教学包括词法和句法两部分。

词法可进一步分为构词法和词类。构词法讨论不同的词缀、词的转化、派生、合成等,词类可以进一步分为静态词和动态词。

句法可以分为三大部分,即句子成分、句子分类、标点符号。句子成分是指单词、词组或短语在句子中所起的作用或功能。句法学习还包括标点符号。此外,词组的分类、功能、不规则动词等也属于句法的学习内容。

英语语法教学中的词汇和句法如图 4-1 所示。

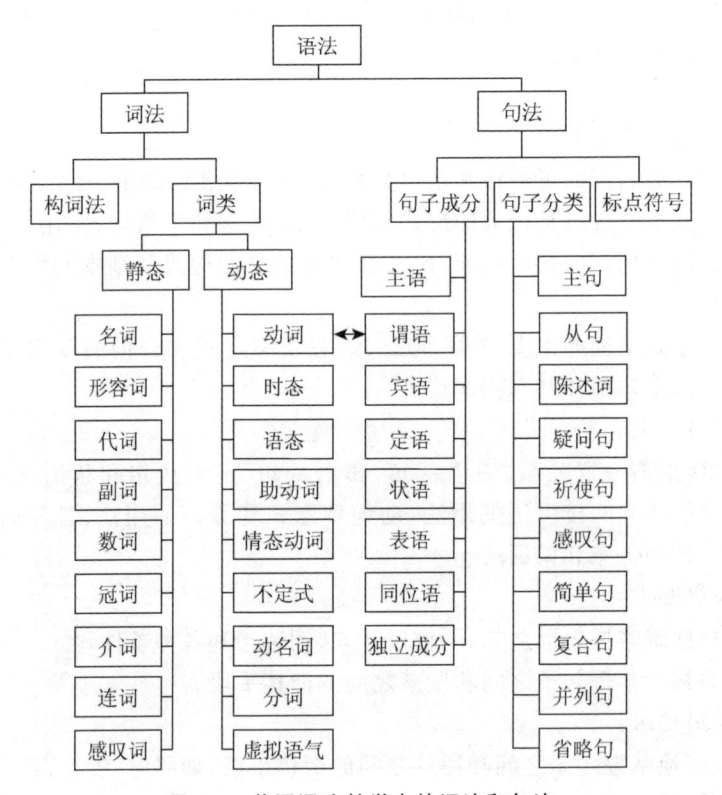

图 4-1 英语语法教学中的词法和句法

(资料来源:冯莉,2009)

由于英语词法和句法知识具有零散性,因此教师在语法教学中要注重体系化和系统化。

2. 章法

当学生对词法和句法有所了解和掌握之后,就要进行章法学习。章法教学主要是对句子之间的逻辑关系、篇章的结构逻辑等的教授。

第四章　自主学习能力培养下的英语语法教学法改革

3. 功能

所有的语法项目都具有一定的表意功能，所以语法的功能也是英语语法教学的重要内容。例如：

Wife: That's the phone.
Husband: I'm in the bathroom.
Wife: OK.

上述对话中妻子的话与"That's a pencil/bag."所表达的意义不同，其传递了一种言外之意，即"妻子要求丈夫接电话"。丈夫的回答也并不是简单地说自己在洗澡，而是告诉妻子自己不能接电话，既是拒绝，又是表达一种要求，即让妻子接电话。

可以看出，语法体系十分广泛，涉及词法、句法、章法以及功能等。在具体的语法教学中，教师应根据教学目标，循序渐进地向学生传授语法知识。

三、英语语法教学的原则

在开展英语语法教学时，应遵循一定的原则，这样可以使教学更加有效。具体而言，英语语法教学可以遵循以下几项原则。

（一）循序渐进原则

人们对事物的认知往往都要经历一个由浅入深、由简单到复杂的变化过程，不可能一次完成。语法学习也要经历这一过程，这样才能更加牢固地掌握语法知识。根据这一规律，教师在教学中就要遵循循序渐进原则，即遵循由表及里、由一般到特殊的原则开展教学。此外，教师在教授语法点时也应循环往复，这种循环往复并不是简单的重复，而是根据具体情况有变化地重复，以使学生在"认识—理解—掌握—运用"的过程中掌握语法。

（二）以学生为中心原则

随着教学的不断改革与发展，无论是教学观还是学习观都在发生改变，教学不再被看成教师单纯地传递信息的过程，它还是学生积极参与的过程。英语教学的主要目的是培养学生的英语综合应用能力，所以英语语法教学应从"提供知识"向"展开活动"转变，鼓励学生积极参与教学活动，让学生在实践中体验和构建语法知识，进而提高英语能力。也就是说，教师在英语语法教学中要遵循以学生为中心原则,重视学生在教学中的主体地位,充分激发学生学习的积极性,鼓励学生参与课堂活动,从而引导学生自主发现和学习语法规律,掌握语法知识。

(三)交际原则

英语语法教学的最终目的是培养学生的实际交际能力,使学生将学到的语法知识运用于实践,这就需要教师在教学中遵循交际原则。在贯彻这一原则时,教师可以从两个方面入手。首先,引导学生多阅读,坚持阅读多多益善的原则,因为通过阅读学生可以体会到语法的生命力在于言语中,也能够切身体会到语法在语言中所起的具体作用。其次,通过模拟情景进行模拟交际。在必要的语法操练的基础之上,教师应尽可能地创设交际性语言环境,运用实物、图片、动作、表演以及电化等设备,创造真实或半真实的交际活动,使学生在活动中感知、理解和学习语言,发展语法技能。

(四)真实性原则

生动、真实的学习情景有助于学生快速接受信息,并能激发学生的思维和积极性,进而建构传递信息的愿望。因此,在英语语法教学中,教师应根据教学和学生的需要设计真实的交际任务和互动活动,这样学生可以在言语活动中直接感受语法。对于学生而言,语法不再是一些抽象的规则,而是真实交际生活中的一部分。

(五)系统原则

学习语法知识并不仅仅是了解和掌握这些知识,而是将这些知识应用于交际。有学者指出,在语法教学中,了解语法概念固然重要,但是只读语法书并不能真正了解语法概念,还必须不断地参与实践才能清楚语法概念,所以学习语法并不能机械死板地背一些语法的条条框框,而应在实践中不断运用所学的语法知识。因此,在英语语法课堂教学中,教师应变传统的语法知识体系为语法应用体系,将语法学习与语法应用结合起来,培养学生的语言运用和交际能力。

(六)情景性原则

在英语教学中遵循情景性原则,其目的是培养学生运用语法的能力。具体而言,教师在教学中应多注意收集学生感兴趣的话题,并将它们设计成相应的情景,通过生动活泼的语言呈现给学生。教师还可以借助时事、新闻等进行编排,为学生练习语法提供生动、真实的材料,从而让学生接触真实的情景,进而在真实的情景中锻炼语法能力。

(七)文化关联原则

文化与语言的紧密关系是众所周知的,所以文化与语法之间有着密切的关系。在英语语法教学中,教师应注意文化因素对学生学习的影响,并有意识地联系西方文化,将英语还原至当时的语境中,以便帮助学生理解和记忆语法知识。总之,在英语语法课堂教学中遵循文化关联原则,有助于加深学生对语法的认识,提高学生的语法运用能力。

四、英语语法教学的现状

虽然语法是英语教学的基础,对学生的英语学习起着重要的促进作用,但在教师的语法教学和学生的语法学习中仍存在着很多问题,教学和学习现状不佳。

(一)教师教学的现状

1. 忽视语法的重要性

在英语学习过程中,语法所发挥的作用是不言而喻的。但是在英语教学中,很多教师认为学生在中学阶段已经基本掌握了语法知识,在大学中没有必要重点讲授语法,从而"淡化"语法教学,轻视语法的重要性。实际上,尽管大学生已经学了多年英语,但学习时间的长短并不代表学生的好坏。此外,虽然英语考试中没有直接针对英语语法的题目,但任何句子的分析都离不开语法,尤其是在阅读中,语法贯穿于英语考试的始终,在考试中占据着很大的分值。所以,教师应转变教学思想,重视语法教学,并引导学生积极主动地学习语法知识。

2. 教学方式单一,忽视文化教学

英语语法复杂烦琐,学习起来也枯燥乏味,所以大部分学生对语法学习不感兴趣。要改善这种情况,就需要教师采用创新性的教学方式,使枯燥的语法学习变得生动、有趣。然而,在实际的英语语法教学中,大部分教师仍采用传统的教学方式,即先讲解语法概念和规则,然后做相应的练习。在这样的教学模式中,教师占据着主体地位,学生只能被动地接受,这不仅不符合现代教育的思想,也无法激发学生的积极性,更不能有效地培养学生的语法能力。

此外，教师也没有将语法教学与文化教学结合起来，这样无法使学生明白因文化差异而造成的英汉语法差异，不利于学生深入了解和掌握语法知识。

3. 忽视语言情景

在英语语法教学中，语法知识的讲解和学习仍然是在汉语环境下进行的，学生并没有太多机会接触地道的英语情景。但语法学习是服务于实际交际的，主要目的是应用于实际的生活中解决语言的交际问题。但我国英语教学的一个显著问题就是教师在教学中将具体的语法知识条目的意义和理解和功能运用与语境割裂开来，使学生难以准确理解某个语法知识点适用于哪种语言情景，这样不仅不能使学生有效掌握语法，也会使学生无法有效运用语法。

（二）学生学习的现状

1. 对语法缺乏敏感度

因长期在汉语环境下学习英语，学生深受汉语思维的影响，缺乏对英语语法的敏感度，这一问题在改错和写作中表现得十分明显。改错在英语考试中是非常常见的题型，但学生普遍惧怕改错题，因为改错题中出现的错误也是他们经常犯的错误，所以他们很难发现题目中的错误所在。此外，学生的英语写作也常出现语法错误，这也是因缺乏语法敏感度而造成的。

2. 缺乏有效学习方法

学生语法学习效率低，一部分原因在于没有掌握有效的学习方法，使得语法知识的掌握太零散，不能形成完整的体系。在语法学习过程中，学生往往十分被动，通常是在遇到新的语法问题时才会去学习。而且学生在学完一篇文章之后，就将文章中的语法知识抛在脑后，这显然是不利于语法知识的掌握的。

第二节 英语语法教学法改革

合理运用教学方法，不仅能解决教学中的一些问题，还能显著提高教学的效率，促进教学的发展。在英语语法教学中，教师可采用以下几种方法来提高学生的语法能力，促进语法教学的改革发展。

第四章　自主学习能力培养下的英语语法教学法改革

一、演绎教学法

演绎教学法是一种常见的教学方法,其在英语语法教学中发挥着重要的作用。具体而言,演绎教学法就是对语法规则进行讲解,让学生对语法规则有一个初步的了解,然后进一步举例说明,进而验证所学的语法规则。总结来讲,语法教学法的实施包含三个步骤,即提出语法规则、举例说明、解释语法规则。这实际上就是一个从理论到实践的过程。

演绎法的具体运用通常有以下两种形式。

第一种是模仿造句,也就是给出学生例句,让学生一次为样本进行造句练习。

第二种是变换结构。为使学生通过实践更加深入地体会与使用语法知识,教师还可以要求学生用给出的指示词将例句的语言结构变换为另外一种类似的结构。

演绎教学法比较适用于有一定难度且学生很难靠自己总结出规则的语法项目的教学。这种教学方法简单直接,省时省力,而且效率很高,能有效提高学生学习的积极性和自信心。但这种方法也存在不足之处,在运用这种教学方法时,教师常常将大部分时间和精力用在语法规则的讲解上,而且练习方式比较机械,学生没有自主观察、分析、发现和解决问题的机会。

二、归纳教学法

归纳教学法属于发现型教学法,即通过分析和总结语言的使用规律,进而深化学生对语法的理解和掌握,提高学生发现和解决问题的能力。归纳教学法的实施包含三个步骤,即观察;分析和比较;归纳和概括。具体来讲,采用归纳法开展语法教学时,教师首先呈现一些包含要学习的语法规则的语言材料,然后引导学生学习这些语言材料来总结、归纳其中的语法规则。教师在呈现语法材料时,可灵活利用图片、实物、影响等直观材料,为学生创设一个真实的情境,这样不仅能激发学生的积极性,也能帮助学生建立语法规则与语言情境之间的关系,加深学生对语法规则的理解。

三、语法练习法

语法练习法的教学目的也是让学生能够将知识运用到实际中,从而更好地培养学生的综合素质和能力,因而就需要教师对语法练习进行科学、合理的选择和设置,有效地组织学生进行语法项目的操练。但是采用练习法来操练语法项目并不是盲目进行的,而是分阶段进行的,通常需要遵循循序渐进的原则来让学生达到熟练应用的目的。

一般而言,语法练习法包括以下几个步骤。

首先,进行机械式训练。教师需要通过模仿、替换、不断重复来进行机械式的训练。机械式练习通常要求学生达到不用理解句子的含义就能做出迅速、正确的反应。

其次,进行内化训练。在完成机械式训练之后,教师可通过造句、仿句、改句、改错、翻译等方式来内化训练,内化训练通常要求学生围绕教学内容进行,要求学生能够达到熟记、理解的程度,并能做出正确的反应。

最后,进行交际操作训练。在机械式训练与内化训练的基础上,教师可借助场景对话或问答形式之类的口语训练进行最后的交际操作训练。这种训练方式最终要求学生能将所学的语法知识综合运用,并能组织语言并迅速做出反应和回答问题。

四、语境教学法

结合具体语境进行语法教学是一种非常有效的教学方法。学生在语境中对语法规则进行体验、感悟、总结和运用,不仅能学以致用,而且对提升交际能力也大有裨益。借助语境进行的语法教学有效弥补了传统语法教学中对外在语言环境忽视这一不良的情况。具体可通过以下几种方式来设计语境,有效开展语法教学。

(一)借助多媒体教学手段来设计语境

多媒体具有集图、文、声、像于一体的优势,多媒体可以为语法规则的学习和教学提供使用语言和用语言进行交际的具体语境,并且能够使静态化、枯燥的语法知识变得更加立体、有趣,并能充分调动学声学习的主动性和积极性。因此,在具体的语法教学中,教师可充分利用多媒体创设语境,让学生通过与英语为母语的人士进行交际的过程中掌握语法知识。

(二)借助现实场景来设计语境

英语教学通常也是发生在特定的时空和场合的,是在师生间展开的。

第四章　自主学习能力培养下的英语语法教学法改革

一些从表面上看似单调乏味的日常教学实际上也蕴含着一些鲜活的情景语境,因而教师应学会善于发现并对这些现实场景进行充分利用,结合语法规则的特点来设计语境。以祈使句这一语法项目的讲解为例,祈使句的主要功能为表达命令、指示和请求,或者可以用来表示劝告、建议、祝愿和欢迎等意义。在具体的语法教学中,教师就可以利用师生、生生间的身份并配合一定场景来开展相应的情景教学。

(三)借助语篇来设计语境

语篇能够为语法规则的归纳、比较与总结等提供较好的上下文语境。语法教学中的一些常见的语法知识点和项目,如冠词的使用、时态、主谓一致关系和非限定性动词的使用等通常都应置于一定的上下文语境中,只有置于语境中来讲授这些语法知识才能更加充分地体现和理解这些语法项目所蕴含的意义。

以时态教学为例,在传统的语法教学中,教师都是运用句子来讲授各种时态的,各个时态间相区别的标志也通常是句中所出现的一些标志词,如 just now,often 等。这种形式的教学其实是有其固有的局限性的,单纯地局限于句子使学生很难全面地掌握某一时态的具体用法,并使学生很难依照语义需要来正确地选择具体的时态。因而,不管句型操练多少遍,如果该时态在某一语篇中的具体语境中出现时,学生也相对会比较难把握和熟练运用这些时态。

通过语篇来设计语境,可以让学生在一个比较高的层面上全面把握时态的意义和用法。但是,借助于这种方法来教授语法,通常也对教师提出了更好的要求,需要教师精心地设计和选择语篇,并做好充分的备课。

五、互动教学法

互动式教学以社会互动论、人本主义为基础,又称为"互动教学法"或"互动合作学习法"。通过互动教学法,不仅可以改变学生被动地接受知识的状态,还能激发学生的学习积极性,提高学生的实际运用能力。该教学法主要有以下几种类型。

(一)师生互动

在课堂教学中,师生之间的关系表现为课堂互动,也就是教师和学生根据教学目标和内容,通过目的语进行有意义的交际活动。在语法课堂教学中,教师作为教学的参与者和设计者,要注意对学生自主性和独立性的培养,同时要帮助学生在语言实践中掌握语法。

师生在课堂教学中的互动具体在"问"与"答"上,尤其体现在"问"上。高质量的问能够有效激发学生积极参与的意识和热情,而且通过问答环节可使学生更加透彻地掌握语法知识。

(二)生生互动

生生互动就是让学生通过用英语进行交际来完成预设的学习任务。生生互动也是合作学习的一种形式,其可以将枯燥的语法项目置于生动的语言交际活动中,给学生提供更多的语言交际的实践机会,引导和组织学生运用所学的语法知识进行互动的活动,学生入情入境,展示自我。

(三)人机互动

人机交互活动是指在语法教学的过程中借助多媒体教室和网络通信技术的交互功能,建立师生合作和生生合作的机制。多媒体课件在英语语法教学中的应用,可以实现学生与课件之间的互动。除了与教师之间的互动交流外,学生可以更加主动地与课件进行交流。人机交流在语法教学中的应用可以让学生感受到多维刺激,使语法学习变得不再枯燥无味,有助于提高语法学习的效果和效率,并且为学生自学兴趣和自学习惯的形成和发展提供更广阔的发展空间。

六、任务型教学法

运用语法是学生学习语法的最终目的,所以将任务型教学法运用于英语语法教学意义重大。任务型教学法融合了交际教学法的理论和研究成果,以任务为中心,注重学生的主体地位,根据学生的不同水平创设不同的任务化活动,让学生在完成任务的过程调动学生的学习内驱力,锻炼学生发现问题、解决问题的能力,培养学生的合作意识,让学生体会完成任务后的喜悦,发挥学生的潜能。任务型教学法在英语教学中的实施具体包含以下三个步骤。

(一)任务前阶段

在任务前阶段主要是做一些准备工作,以便为接下来的活动提供保障。在这一阶段,教师的主要任务是让学生了解任务的主题以及要达到的目标。教师可采用不同的方式引入主题,如展示图片、组织学生讨论等。教师还要提前预测并解决任务中可能出现的问题,如教师可以提供某些词语或词组,让学生听录音或听课文等。这些准备对帮助学生回忆词语,有效完成第二阶段的活动十分有利。例如,教师可以布置巩固一般将来时用法的任务,组织学生以 My Dream 为题目写一篇文章。

(二)任务中阶段

任务中主要包含三个环节。第一环节是执行任务,教师可以组织学生以结对子或分小组的形式完成任务。在这一环节中,学生可运用所学的知识表达思想,内容可以围绕与主题相关的材料进行。教师可给予学生必要的帮助,但不能干预学生的活动或对学生的错误进行纠正。在这一过程中,教师可引导学生就 My Dream 这一题目进行构思。第二个环节是策划,学生可以草拟或预演下一环节的书面内容或要说的话。教师可就学生的活动情况提供帮助,学生此时也可向学生提问。第三个环节是报告,教师让学生汇报任务成果,然后对汇报的内容进行点评。

(三)语言点阶段

语言点阶段具体包含两个方面的教学,即分析和练习,目的是促使学生了解语法规则,并通过练习巩固所学内容。在这里,分析并不是指语法分析,而是教师根据课文设置一些与语言点相关的任务。此次教学中,教师主要是分析学生在一般将来时是否存在错误或者表达不妥的问题。在练习阶段,教师可根据具体内容组织各种练习活动,如朗读词语、完成句子等,以巩固学生的知识。

七、网络多媒体教学法

利用网络多媒体等先进的教育技术有利于在语法教学中创造轻松、愉快的气氛,降低学生的学习焦虑,并有效调动他们的学习积极性,使他们积极进行思考,提高思辨能力与学习效果。具体来说,在语法教学中采取网络多媒体教学法可从以下几个方面入手。

(一)利用课件呈现语法知识点

教师可充分利用网络多媒体课件,将语法知识点、语法句型等呈现给学生,从而通过生动、形象的输入来帮助学生进行理解与记忆。例如,教师在讲授 listen,watch 等词的一般过去式、正在进行时的时候,就可以将-ed

与-ing形式运用下划线、不同颜色标注出来,或者可以设置为有声导入,这可以集中学生的注意力,还能引导学生对规律进行总结,实现举一反三。但是,对于see,think这些特殊动词,可以使用图标的形式展现出来,让学生进行记忆。

(二)采用课后自主拓展模式

网络环境下的英语语法教学还要求课后学生进行自主学习,如果仅仅依靠课堂的短暂教学是很难掌握的,因此教师应该引导学生在课后展开自主学习。

具体来说,教师可以创建一个讨论组,促使资源进行共享。在讨论组中,教师将预先设计好的指导性问题和相关内容上传进去,学生可以提前进行预习,如果有问题可以提出问题,大家也可以参与讨论。此外,教师可以通过E-mail形式进行辅导和交流。这不但可以打破时空的限制,还可以缓解课堂的紧张气氛,让学生更轻松。

八、对比分析法

文化对语法教学有着显著的影响,对此教师应采用对比分析法让学生明白中西方语言的差异,有效培养学生的语法能力。

我国学生一直都是在母语环境下学习英语的,因此形成了汉语的思维模式,这必定会对英语语言的组织有所疑虑。这主要是文化背景和生活习惯的影响。在这种情况下,英语教师的语法教学就会受到一定程度的阻碍。

此时教师如果了解了学生学习语言的规律,就可以在语法教学课堂上采用对比分析的方法进行教学工作。教师应该使学生意识到文化差异对语言形成的重要影响作用,从而使学生了解英汉语言之间的差异性。这样便能在发挥汉语学习正迁移的前提下,使学生掌握具体的英语语法知识。例如:

If any of the joint ventures wish to assign its registered capital, it must obtain the consent of the other parties to the venture.

合营者的注册资金如果转让必须经合营各方同意。

英语注重形合,因此在句式组成中习惯将重点提前,在例句中便形成了主语凸显的结构。汉语注重意合,主要关注句子表达的含义,因此翻译时凸显了主题。

第四章　自主学习能力培养下的英语语法教学法改革

第三节　提升英语语法自主学习能力的策略

语法学习贯穿于英语学习的整个过程，学生仅仅依靠课堂上的语法讲授是不能有效提高自己的语法能力的，还需要在课下积极进行自主学习。这就需要学生具备一定的语法自主学习策略，进入提高自身的语法自主学习能力。本节将对提升英语语法自主学习能力的策略进行探究。

一、自主培养语感

如果学生有着较强的英语语感，那么对其英语语法学习是十分有帮助的。因此，在英语学习中，学生应注重培养自身的语感。具体可通过以下方式进行。

（一）朗读

朗读是培养学生语感的一种有效方法。一些学生总会因为自己的发音不标准而被他人嘲笑，还有一些学生没有养成朗读的习惯。针对这些问题，教师应该在每节课前，让学生朗读几分钟的课文，随着积累的不断增加，语感的培养就能取得显著的成效。

（二）背诵

在朗读的基础上，学生还可以通过背诵来增强自身的语感。但是，背诵的内容应该根据自身的能力而定。如果自己的能力偏低，那么就背诵一些重点的单词或词组；如果自己的能力中等，那么可以背诵一些重点的句子或者段落；如果自己的能力比较高，那么就选择一些重点的对话或者课文来背诵。

总之，长时间坚持背诵，可以增强自己的语感，从而使自己在口语上和书面上的表达能力都大大提高。

（三）积累

在英语语法教学过程中，教师可让学生在课余时间搜集一些名言名句、优美的短文，并要求他们经常翻阅或背诵。名句短文多短小精悍，语句优美，读来朗朗上口，在不断地翻阅和朗读中，学生自然就会运用了，并会有意识地去模仿，久而久之，学生的语感就会得到提高。

二、掌握有效的学习策略

在语法自主学习中,学生还应掌握一些有效的学习策略,以提高学习的效率。

(一)区分规则与不规则

英语语法中有很多规则和不规则现象,对于规则的语法学生比较容易掌握,但那些不规则的语法成了学生容易出错的地方。对此,教师要引导学生对一些不规则的语法进行总结归纳,使学生牢记于心,确保在实际的语境中可以熟练运用。

1. 不规则动词

不规则动词主要指的是动词的过去时、过去分词的变化形式不规则。例如:

动词原形	过去时	过去分词
buy	bought	bought
read	read	read
go	went	gone
do	did	done

2. 不规则名词

不规则名词指的是名词变成复数的不规则情况。例如:

单数	复数
criterion	criteria
datum	data
phenomenon	phenomena
man	men

这些不规则动词、名词的变化,都需要学生牢固记忆。

(二)有效抓住语法知识的重点

语法是一个复杂的系统,所涉及的内容十分广泛。因此,在语法的自主学习中,学生应该抓住重点,分清主次。上述已经提到,语法的内容包含词法和句法。但是,在实际的自主学习中,学生应该以句法为主,运用句法的学习来带动词法的学习。这是因为句子是交际的基本单位,这就要求学生应该准确掌握英语的基本句型。英语中的句子是无限的,变化也多种多样,但是其中也蕴含着规则,即都是在基本句型的基础上演变而来的。如果对这些有了一个清晰的把握,那么学生就基本掌握了英语语法的概貌。

(三)及时进行总结整理

语法学习是一个积累与巩固的过程,所以学生要及时对学过的语法知识进行综合和整理。在我国,英语教学大多都是遵循教材而教授的,每一课都是按照教材一点一点展开的,所以学生也是由此开始一点一点地积累语法知识。但是,这种方法往往导致学生不能对语法知识有一个全面的把握,因此在语法教学中,教师可指导学生自己去参考语法书进行相关内容的学习,从而使学生对这一项语法内容有一个牢固的、透彻的掌握。

(四)多进行实践训练

语法学习实际上属于实践性活动,如果不能准确运用语法,那么口语交际和书面写作往往都会出现问题。在英语语法自主学习中,学生应该运用多种形式来加强语法的训练,并且每一次的训练都应该与具体的实际相结合。学生可以做大量的听、说、读、写、译的练习,这几项技能是交际中必备的技能,是相辅相成的,当然也是锻炼语法的最好的方式。口头的练习对于培养和巩固学生的语法习惯非常重要,而笔头的练习有助于促进学生的语言组织能力,对于语序的安排、时态的使用、各种词性的运用都大有裨益。在具体的实践练习中,口头的练习要与笔头的练习相结合。

(五)学会使用词典

学生的语法自主学习离不开字典。学生要想明白每一个词的语法作用,要想知道如何才能更好地运用该词,就需要学会使用词典。很多人认为,词典只是为了查找某些单词的读音和拼写,其实不然,一本好的词典还能够帮助学生区分某些词的不同词语意义。而且,每个单词下面会配有例子,通过这些例子,学生可以明白词汇不同的用法、搭配、不规则变化等。

(六)通过阅读掌握语法

通过阅读,学生可以更加快速、高效地掌握语法知识,因此在英语语法教学中,教师可鼓励学生积极阅读,从而掌握语法知识。阅读中有很多新的语法现象,学生在阅读中进行适量的剖析,可以对旧有语法知识进行巩固,有助于对新的语法知识进行学习和掌握。需要注意的是,当学生遇到新的语法现象时,应该保持对语法的敏感性,对不熟悉的语法现象及时做出反应并进行认真的思考,从而使自己的语法框架更加充实和完善。

(七)从错误中学习

语法学习的过程实际上就是学生不断出错然后加以修正的过程,所以学生不应惧怕犯错误,而应努力找出方法纠正自己的错误。对于语法学习中的错误,学生可以从以下几个方面做起。

(1)收集语法错误。学生将自己出现的口头的、书面的错误资料都收集起来。

(2)鉴别语法错误。学生要找出这些错误是偶然的,还是由于没有掌握牢固语法而犯的错误。

(3)将鉴别出来的这些语法错误进行归类。

(4)分析语法错误,找出产生错误的原因。学生要找出这些错误是因为受到母语的干扰,还是因为对语法规则理解错误而导致的。

(5)对这些语法错误的严重程度进行评价,也就是这些语法错误对交际产生的影响是大还是小。

三、掌握有效的记忆法

学生只有记住语法知识,才能对其加以掌握和运用。但面对纷繁复杂的语法知识,学生记忆起来有一定的困难。对此,学生应掌握有效的记忆方法,在理解和巩固的基础上进行记忆避免死记硬背。具体学生可采用以下方式记忆语法。

(一)通过顺口溜记忆

顺口溜读起来朗朗上口,而且容易记忆,学生可以通过这一方法帮助自己记忆语法。例如:

I DROP CAPS.

这一说法用于学习和记忆虚拟语气在宾语从句中的运用。其中的每一个单词都代表一个动词,I 代表 Insist,D 代表 Demand,R 代表 Request,O 代表 Order,P 代表 Propose,C 代表 Commanad,A 代表 Advise,P 代表 Prefers,S 代表 Suggest。

(二)通过佳句格言记忆

很多佳句、谚语或格言都包含一些基本的语法结构,学生对这些佳句或格言进行熟记后,能够掌握并运用与之相关的一些语法形式。例如:

It is no use crying over split milk.

覆水难收。

When you are at Rome, do as the Romans do.

入乡随俗。

(三)进行重复记忆

学生在学习一遍语法知识后,是不能有效掌握的,而且很快就会忘记,因此学生需要对语法知识进行重复记忆。所谓重复记忆,就是对所记忆的语法知识进行记忆之后,隔一段时间再记忆,经过多次反复记忆之后,形成一种永久的记忆。

总体而言,对于英语学习而言,语法以及语法教学的意义是显而易见,所以教师应对语法加以重视,并不断创新教学方法来提升语法教学的效率,提升学生的语法能力。但语法学习并不是教师一个人的事情,还需要学生积极开展自主学习,这可使学生语法水平有一个质的提高。但语法自主学习首先需要学生具备自主学习能力,对此教师应向学生提供一些有效的自主学习策略,同时学生要寻求和选择适合自己的自主学习策略,从而提高语法自主学习能力,进而更好地开展语法学习。

第五章 自主学习能力培养下的英语听力教学法改革

在英语各项技能中,听力是尤为重要的一种,因为如果不具备一定的听力水平,就难以用英语与他人进行正常的交际,英语的桥梁与纽带作用也就难以发挥出来。不仅如此,学好听力对其他英语技能的提升也有重要的促进作用。英语听力教学的顺利完成,一方面需要教师遵循一定的教学原则,采取行之有效的教学方法;另一方面需要学生提高学习自主性,在平时积极、主动地学习与练习。本章就围绕英语听力的目标、内容、原则、现状、方法以及学生的自主学习等来探讨当前英语听力教学的改革。

第一节 英语听力教学综述

一、英语听力教学的意义

(一)可以帮助巩固语言知识

教师通过听力教学可以帮助学生巩固英语语言知识,从而进一步帮助学生建构自己的知识体系。我们知道,听并不是盲目地听、随意地听,它其实是一个信息处理的过程。在听的过程中,有两个方面是不可忽视的,一是对语言信息的理解,二是对语言信息的输出。可见,通过听力训练,学生既可以训练自己的听力能力,也可以通过理解信息掌握语言的规则,实现对知识的构建。

(二)可以帮助学生形成英语思维

良好的英语思维与英语语感对于英语学习而言至关重要,而要形成良好的英语思维和语感,就需要大量的听力训练。通过英语听力活动,学生可以熟知英语的表达习惯,分析中西方语言差异,进而学习和形成英语思维。而英语思维的形成又反过来促进英语听力的顺利进行,也能提高英语说、读、写能力。

(三)有助于提高学生的语言运用能力

听力是一种语言输入活动,听力教学是语言输入的重要途径,通过听力教学,学生可以对语言的声音符号信息进行辨别和重新组合,进而准确理解所输入的语言信息。而这种听力输入活动就对今后的语言运用奠定了坚实的基础,听力是提高口语表达能力和写作水平的基础,只有足够的语言输入,才能有效进行语言输出。

二、英语听力教学的目标与内容

(一)英语听力教学的目标

针对大学英语听力教学的目标,《大学英语课程教学要求》也做出了具体说明,具体分为以下三个层次。[1]

一般要求:
(1)能听懂英语授课。
(2)能听懂日常英语谈话和一般性题材的讲座。
(3)能听懂语速较慢的英语广播和电视节目,并能掌握其中心大意,抓住要点。
(4)能运用基本的听力技巧。

较高要求:
(1)能听懂英语谈话和讲座。
(2)能基本听懂题材熟悉、篇幅较长的英语广播和电视节目,能掌握其大意,抓住要点和相关细节。
(3)能基本听懂用英语讲授的专业课程。

更高要求:
(1)能基本听懂英语国家的广播电视节目,并掌握其中心大意,抓住要点。
(2)能听懂英语国家人士正常语速的谈话。
(3)能听懂用英语讲授的专业课程和英语讲座。

---

[1] 教育部高等教育司. 大学英语课程教学要求[M]. 北京:外语教学与研究出版社,2007:2-3.

(二)英语听力教学的内容

英语听力教学的基本内容大致包括以下几点。

1. 听力基础知识

听力基础知识包括很多方面,如语音知识、语言知识、语用知识、文化知识等。学生要想提高听力能力,首先要有扎实的基础知识,因此教师要时刻强调对基础知识的学习。

(1)语音知识。语音可以说是学生学习英语最初接触的内容,它既是英语语音学习的基本内容,也是听力学习的基本内容。换句话说,英语听力的基础就是语音知识,语音知识中包括句子的重音、连读、语音语调等,这些语音知识的掌握程度将直接影响学生对听力材料的理解。从某种程度上来说,听力教学就是对学生英语语音知识的一种测试。

此外,由于英汉两种语言的差异性,我国学生在英语听力过程中经常会受到母语的影响,这就要求学生必须具备一定的语音知识,如此才能适应英语的节奏、语调等。英语属于印欧语系,而汉语属于汉藏语系,两者在很多方面都存在差异。汉语的读音都是依靠拼音来形成的,而英语的读音则主要依赖于音标,这就使得学生必须对英语的音标和单词的读音有一个深刻的了解,因此在英语听力教学中教师必须加强对学生的语音基础知识的培养。

(2)语言知识。语言知识是指学生对于英语语言体系的掌握程度。语言基础是语言交际的前提,如果学生不了解英语句子和语篇的基本结构和特征等知识,也就无法理解所听到的内容;而如果学生不能根据具体语言环境、话题、交际对象与目的选择适当的语言表达形式,也就无法进行语言交际,达不到英语学习的真正目的。可见,语言知识是听力教学的基本内容,它是学生理解听力材料的基本能力。

(3)语用知识。语用知识是指对听力材料中说话者表达的内在的含义的理解,语用知识的缺乏对说话者真正意图的理解具有很大的阻碍,进而影响对整个英语听力材料的理解。

2. 听力理解

教授学生听力知识和听力技能的目的在于帮助其理解听到的内容。因此,英语听力教学上除了知识和技能的教学之外,更多地应该通过各种活动训练学生对句子和语篇的理解能力,使学生的理解由"字面"到"隐含"再到"应用",理解步步加深。

第五章　自主学习能力培养下的英语听力教学法改革

在英语听力教学中教师应有意识地培养学生的理解能力,开展多种教学活动来提高学生的词汇、句子乃至语篇的理解能力,使学生通过训练可以从对听力材料的字面意义的理解逐步深化到隐含意义的理解并最终完成对听力内容的准确把握和实践应用。

从本质上说,听力理解既是自下而上的意义解码过程,又是自上而下的意义阐释过程,还是二者结合的过程。听力理解过程具有以下特点。

(1)短暂性。听力理解过程中所听到的信息是转瞬即逝的,所以听者必须在当时就清楚地听到信息,否则没有挽回的余地。因此,学生在听力理解的过程中必须集中所有注意力。

(2)同步性。在听力理解过程中,"听"总是伴随着"说",二者是同步出现的。"听"的存在必然可以推断出"说"的存在,但是反过来就不成立。所以,"听"是建立在"说"的基础之上。

(3)即时性。日常交际中的听力理解是自发的、即时的,不能够被事先演练。在听力教学中,教师要培养学生对这种即时活动的适应能力,在关注听力过程本身的同时学习听力技巧。

(4)情景制约性。既然"听"是日常交际的一部分,那么它必然以特定的时间、地点和状态为背景,这就使得听力理解的情景对话语的意义起着决定性的作用。

(5)听说轮换性。由于人际交往的互动性,日常交际中的听话者同时也是说话者。听说轮换性是指听者为了争得话语权或者自我表达而变成说话的一方。此时他们不是为了获得清晰的理解,而积极地参与语言交际。

(6)及时反馈性。在日常交际中的听力理解中,听者会给予及时的反馈。即使听者没有听明白或者有异议,都必须给予一定的反馈,这种反馈可以表现为表情、肢体语言等形式。

3. 听力策略

英语听力水平的高低不仅取决于学生的英语基础知识,还包括一些基本的听力策略。有时听力材料的信息比较多,学生需要在众多的信息中运用自己的知识和策略将材料中的重要信息筛选出来。针对不同的听力题型,教师应该给学生教授不同的听力策略。听力技巧主要包括猜词义,听关键词、过渡连接词、预测、推断等。掌握正确的听力技巧,可以有效提高听力理解的能力。学生还应该掌握一定的记笔记的技巧,记笔记技巧可以帮助学生快速地记录有效信息。在听力学习中掌握正确的听力策略不仅可以事半功倍,还可以有助于提高答题的准确率,如在一段听力材料中,有四句话是关于 Tom 的,我们可以运用逻辑推理能力和必备的语法知识推断 Tom 的职业。

　　Tom was in the bus on his way to school.
　　He was worried about controlling the math class.
　　The teacher should not have asked him to do it.
　　It was not a proper part of the janitor's job.

　　在听材料时,学生的判断是随时发生改变的。当听到第一个句子时,一般会认为 Tom 是一名学生。但从第二句话所描述的职责来看,Tom 应该是教师。可是第三个句子的出现又推翻了这一判断,使我们又回到了最初的理解,即 Tom 是一名学生。直到最后一句话的出现我们才知道 Tom 原来是学校的勤杂工。

　　总之,英语听力策略是保证英语听力活动有效进行的基础,所以在听力教学中教师应加强对学生听力策略的培养。

三、英语听力教学的原则

(一)兴趣原则

　　学生学习是智力因素和非智力因素相互作用、相互影响的过程。通常来说,同一年龄阶段的学生智力水平并无多大的差异,之所以会取得不同的成绩,很大程度上取决于他们的非智力因素。其中,兴趣就是一种非常重要的非智力因素。对学习有强烈兴趣的学生其学习英语的行为是主动性的,因此也是积极的,相应地效果也就更好。因此,教师应当有意识地加强学生非智力因素的开发,让他们拥有正确的学习动机,形成良好的学习习惯,从而形成坚强的学习意志并保持浓厚的学习兴趣,让学生从"我想学""我要学""我会学"逐步深化到"要学好"。

(二)渐进原则

　　学生听力水平的提高不是一蹴而就的,而是一个由简到繁、由易到难,逐渐提高的过程。因此,英语听力教学必须遵循渐进原则。具体来说,教师要做到以下几点。

　　(1)在听力教学的初始阶段,教师应选择吐字清晰、语速较慢的材料,避免过度夸张的语音、语调,以免干扰和误导学生。

　　(2)听力的内容应该贴近生活,选择社会热点话题、新闻、故事以及日常生活会话等,以激发学生听的欲望和兴趣。随着教学的不断深入,教师可不断增加听力材料的难度,逐步提高学生的听力水平。

(3)教师应该根据学生的学习阶段选择听力材料,听力材料的难度由易到难,并兼顾多样性以及真实性。

(三)灵活原则

灵活原则也是教师在听力教学中需要坚持的重要原则。在听力课堂教学中,教师应该根据不同的训练目的,采用不同的训练手段。在课堂上,学生听教师和其他同学讲英语是培养听力能力的重要途径之一。教师可在遵循由慢到快、由简到繁的原则下,坚持用英语组织听力课堂教学、讲解听力材料,并鼓励学生大胆讲英语,以创造良好的课堂学习氛围。教师还可以根据不同的听力课堂教学目标选择不同的听力材料并采用不同的训练模式。例如,教师可以在听材料之前给学生一些问题,让学生在听完材料之后用母语做出回答,还可以鼓励学生自由选听各种材料,然后说出或写出所听的内容。总之,教师要坚持灵活原则,尽可能地为学生创造听英语的机会和条件,通过听觉接触大量的英语,逐步发展听的能力。

(四)交际性原则

语言听力教学的最终目的是提高学生的听力水平,进而提高其交际能力。因此,交际性原则是听力课堂教学的根本原则。在日常教学过程中,教师应严格要求自己,保证发音的准确无误,以免误导学生,同时要注意说英语时的语速,坚持用正常的语速。听录音是培养学生听力能力的一种有效方法,所以教师要充分利用各种电教设备,让学生多听地道的英语,培养学生的语感,更好地适应地道英语的发音、语速等。此外,英文歌曲、英文电影等也是不错的听力材料,这些材料有助于激发学生对听的兴趣,提高学生听的效果。

(五)丰富性原则

教师要以学生为本位,选取内容丰富的英语听力材料。教师可利用现有英语听力教材所提供的课文和对话材料以及考试题型,开展学生的基础听力训练,并适当选择拓展兴趣型的听力材料,如涉及礼仪社交、饮食营养等方面的材料;涉及英语语言文化背景知识的材料,如关于欧美国家社会制度、风土人情、民俗习惯、人们的思维方式和价值观念等方面的材料;经典英文歌曲和英语原版经典电影材料,通过纯正的英语及电影中精彩的表演,来激发学生学习英语的兴趣;借助 VOA 和 BBC 的英语节目材料,让学生关注世界综合新闻,了解英语国家的风俗文化。需要注意的是,教师在听力材料的选择上要考虑学生已有的语言知识和能力、学生的心理和生理发展水平以及学生的认知规律。

(六)分析与综合相结合原则

在听力过程中,分析性的听和综合性的听都很重要,应坚持二者相结合原则。

分析是指逐字逐句地分析细听,要求学生在听的时候"抠"字眼。分析性的听有两种形式:在听的过程中有明显的语言分析;把听的材料分为词、词组、句子、句组等各个语言层次,让学生分步听。无论哪一种,分析性的听都注重细节内容的理解。

综合则指对听力材料进行粗线条的整体理解,它可以满足听力题中对材料主旨的理解、对整体思想的分析等方面的要求。因此,综合听时,学生应以语篇为单位,注重整体内容的把握。由于综合性听的难度大,为了使学生保持听的兴趣,教师最初可以先播放较为简单的听力材料,学生习惯后再逐步提高难度。

由于听力题既涉及材料的通篇理解,又不忽视细节问题,因此听力训练中必须要求学生把综合性与分析性结合起来,以满足答题的需要。

(七)分散与集中相结合原则

分散训练主要是分散于语音、语法、词汇、句型、课文教学中以各种单位和各种方式进行的听的活动,特别是配合课文教学的听。由于听的活动要求注意力高度集中,时间一长就易于使学生疲劳,所以分散训练是一种有效的办法,同时也有利于其他方面的教学。但听作为专门技能训练,只分散进行是不够的。分散进行时间短,往往是为了其他目的而安排的,很少就听本身的训练进行有系统的指导和安排,因此学生听力不易迅速明显提高。集中进行听的训练,时间才能得到保证,教师也才能集中精力,根据不同学生的不同听力困难,加以具体帮助和指导。坚持分散与集中相结合,才能切实提高学生的听力理解能力。

(八)综合原则

英语教学中的听、说、读、写是不可分割的,并且相互影响、相互促进。任何一种能力的缺乏,都会影响其他能力的掌握和运用。因此,在听力课堂教学中,教师应遵循综合原则,将听力活动与说、读、写有机结合。

1. 听读结合

作为语言输入主要途径,听和读的结合不仅有助于学生将单词的音、

第五章　自主学习能力培养下的英语听力教学法改革

形、义统一起来,减少判断误差,还有助于增强学生的语感。听读可以同时进行,也可以先读后听、先听后读,还可以交替、交错、轮流进行。听读结合一方面降低了听的难度,使学生集中于一点;另一方面又能使词汇的发音和词形形成对照,有助于学生克服文字对听的干扰。另外,听读结合不仅可以纠正学生的发音错误,还可以让学生模仿到纯正的语音、语调。长期坚持边听边读,随着听力输入量的增大,词汇复现率也会增加,学生对常用词语也会更加熟悉,以后再遇到这些词语时,就能迅速做出反应,理解听到的内容。

2. 视听结合

在听力课堂教学中,教师不要只靠英语磁带来训练学生的听力,而应充分利用多媒体技术,为学生提供一些音像视频材料。学生在听的同时看到具体的画面内容就会加深对材料内容的记忆和理解,并产生听的乐趣。除了在课上主张视听配合之外,教师还要鼓励学生在课外多看一些英语电视节目、英语学习光盘以及网上英语视频等,促使听觉与视觉共同发挥作用,这有助于减少影响听速的心译活动,有助于学生迅速、准确地理解听力材料。

3. 听说结合

尽管听力课堂教学的重点在于听,但根据所听内容增加说的训练有助于学生巩固听到的内容,并增进理解。这是因为,听和说是交际的两个方面,只有听懂了,才能说得出;只有说出来,才能被听到。因此,听力练习的过程也是熟悉口语的过程,而口语训练的过程也是听力锻炼的过程,二者是相互促进的关系。在英语口语中,不同的语调表达不同的感情,这对听力是一个很大的考验。对此,教师应积极地利用课内课外的机会,鼓励学生用口语表达自己的思想感情,并揣摩不同语调的内涵。

4. 听写结合

听与写结合是一种难度较高的听力训练活动。它要求学生在有限的时间内将听到的内容记录下来,这不仅要求学生听得懂,还要求学生写得出来,更要求学生有高度集中的注意力和对语言的敏感性。有时,听得懂不一定能写得准确,只有二者结合,才能真正地提高我们的英语水平。例如,在大学英语四、六级考试的听力中常有 Spot Dictation 或 Compound Dictation 题型,由此体现出对听写结合的重视。因此,教师在平时的听力课堂教学中要有意识地培养学生听写的能力。一开始可以让学生听写一些基本词语和简单句型,当学生的听写能力有所提高以后再给他们听写课文或与课文难度相当的材料。

四、英语听力教学的现状

(一)教学模式单一

教学模式单一是当前英语听力教学中普遍存在的一个问题。在具体的听力教学过程中,很多教师往往缺乏对学生有效的指导和监督,忽视学生对于语篇的整体解读,只是毫无目标地、机械地让学生听录音,一遍不行就放第二遍、第三遍,学生也只是盲目地听从教师的安排,一遍遍地、机械地听录音。这种单一的"听录音、对答案,教师讲解"的听力教学模式完全背离了教学初衷,不仅无法激发学生听英语的兴趣,而且使得听力教学失去了价值。

(二)教材脱离实际需求

学生在课堂上所听的材料都是从教材中来的,因此离开教材,听力教学就无法进行,可见教材对于听力教学的重要性。不仅如此,没有科学、合理的教材,也谈不上有效的教学。一本好的听力教材不仅能开阔学生的视野,丰富学生的文化素质,还能为培养学生语言综合运用能力提供最佳的语料和实践活动。然而,在当今听力课堂上使用的听力教材的周期较长,教材内容比较落后,无法紧跟当今快速发展的时代。教材内容缺乏多样性和层次性,无法完整地展现最新的教学方法和教育思想。因此,更新听力教材的内容是需要引起教材编写者和听力教师重视的重要问题。

(三)听力习惯不良

听力理解过程就是学生对听力材料的内容进行联想、判断、记忆、分析、综合的过程。我国学生由于缺乏这种逻辑思维能力,在英语听力的过程中就很可能养成一些不良的听力习惯。例如,有的学生在进行听力训练时,不会捕捉非言语提示、借助上下文进行推理,不会利用做笔记等策略来检索输入信息以解决问题等。还有的学生只听自己感兴趣的内容,对于枯燥的报告或新闻就采取放弃的态度,习惯性地从心理上拒绝了难度高的听力材料。还有些学生在听的过程中,往往因为某一个词、某一句话没听懂,就停下来苦思冥想,结果影响了后面的听力内容,错过了掌握大意的机会,从而影响了听力效果。实际上,听力的目的在于听懂文章大意,明确主要内容,而并不在于把每个词、每个句子都听懂。因为即便听懂了听力材料中的每一个单词,也不代表能理解一句话;即便听懂了材料中的每一句话,也不代表能理解一整段;即便听懂了材料中的每一段,也不代表能理解一整篇。因此,学生要想真正提高听力能力,必须克服不良的听力习惯,明白听力训练注重的是把握文章的主题和内容,而不是逐字逐句地听。

(四)学生心理负担过重

很多学生在听力课堂上的心理负担过重,表现得非常紧张。当教师播放听力材料时,有的学生甚至会大脑一片空白,影响正常听力的进行。还有的学生由于成绩不好,缺乏自信,甚至产生自卑心理。一方面担心被教师提问,自己回答不出来;另一方面担心回答得不正确会被教师批评,被同学嘲笑,这都使得学生紧张不安、焦虑害怕。这种长期的压抑状态,导致学生心理压力过大,学习情绪不佳,很难提高英语听力水平。此外,由于心理负担过重,直接导致学生失去对听力学习的兴趣。学生抵触情绪越高,学习兴趣就越低,在这种状态之下,学生的听力水平显然很难提高。

第二节 英语听力教学法改革

一、体裁教学法

体裁教学法是产生于 20 世纪 80 年代中期的一种教学法,如今其被越来越多地应用到英语听力教学中,具体主要有以下几个实施步骤。

(一)语境创立

体裁听力教学策略的第一个重要步骤就是语境创立。在这一阶段,教师指导学生分析语境的两个层次,进而使学生获得语境知识。语境知识的获得成为后续语言知识习得的基础。语境有两个层次:一是与体裁相关的文化背景,用研究某一体裁的社会目的和社会定位来区分不同体裁类别;二是情景背景,与语域相关,语域又受到场、方式和基调的制约,其中场是指文本与什么相关,方式即交流的渠道,基调即语篇制造者与语篇参与者之间的关系。

语境创立是一种大概的背景知识介绍,为即将开始的文本知识获取设定基本的情景。具体到英语听力教学中,这一步要求教师对听力材料进行详细的分析,包括文化和语言两个方面的分析。在文化方面,教师有必要对与听力材料体裁有关的社会、历史、风俗习惯等背景知识进行分析,以使学生对这些背景知识有一个全面的了解。在语言方面,教师要分析体裁的图示结构,以使学生对这类文章的过程与特点有一个整体的了解,这也是教学过程的一个重点。

(二)解构和建构语篇

首先,教师通过语篇模版来介绍语篇类型,着重强调语篇的社会目的及其是如何通过图式结构和语言学特征实现的。学习者将在有目的性的语言使用中获得语法知识。解构活动贯穿在整个文本中。

然后,教师与学生共同完成关于同一语篇的构建。教师和学生一起商讨其意义,学习者开始尝试构建语篇直到可以独自操作。在本环节中,教师可将学生分为若干小组,播放同一题材的材料,然后让学生在小组中讨论这些材料的结构、语言特点等。其主要目的在于增加学生的参与程度,学生只有参与到活动中来,才能积极主动地进行思考、学习,从而对语篇形成一个深入的理解。

(三)独立分析

小组讨论结束后,教师可让学生听某一题材的一篇典型范文,然后要求学生模仿教师在第一步骤中使用的方法,即对语篇的文化和语言两方面进行分析。这一步骤改变了教师垄断课堂的局面,为学生提供了充分思考的机会。

(四)模仿使用

学生通过自主分析掌握了材料的体裁特征后,教师可根据交际目的,选择社会公认的模式,让学生使用英语进行有效的交际,使学生在实际运用中牢牢掌握所学题材特征,学以致用。

二、任务型教学法

在英语听力教学中,教师可采用任务型教学法开展教学。任务型听力教学是让学生通过完成真实的听力任务来培养学生的听力理解能力,在完成任务的过程中,可充分发挥学生的认知能力,使学生在积极参与、互动、合作的活动中发展自己的听力能力,同时培养自身的自主学习能力、合作意义和探索精神。任务型听力教学强调学习任务的真实性,具体包含以下

第五章　自主学习能力培养下的英语听力教学法改革

三个阶段。

（一）听前任务阶段

听前任务阶段也就是准备阶段，在这一阶段教师要帮助学生激活已有的与听力材料相关的各种知识，并根据听力材料的内容适当地给学生补充背景知识，同时激发学生的学习动机。背景知识具体包含两方面内容，一是文化背景知识，二是形式背景知识。前者指的是对不同国家社会与文化的了解，后者指的是对文章文体、类型、组织结构等语言知识的了解。在听前帮助学生回忆已有知识，降低了学生听力理解的难度，使学生将旧的知识和新的知识结合在一起，使学生在完成任务的过程中获得成就感。例如，在教授主题为 *The Oscar Statuette* 一课时，教师可以设计如下活动。

(1)教师利用幻灯片向学生展示从网上下载的奥斯卡金像图片。

(2)教师向学生提出如下问题。

What is the figure in the picture?

Can you describe the figure?

Why is it named Oscar?

(3)教师组织学生对问题进行讨论，并鼓励学生说出自己所知道的关于奥斯卡及奥斯卡金像的信息。

(4)教师组织学生在课堂上陈述各小组的讨论结果。

(5)教师播放关于奥斯卡金像来历的视频。

学生经过图片展示、学生陈述、观看视频三个环节后，他们头脑中关于奥斯卡金像的背景图式完全被激活并且得到加强，进而能够为接下来的听力练习做好准备。

（二）听中任务阶段

这一阶段也就是听力实践阶段，主要是训练学生在适应语音、语速、语调的基础上，获悉文章大意、捕捉文章主要信息的能力，保证学生听的有效性。在这一阶段，教师可以设计一些具体任务。例如，教师可以设计一些细节问题，让学生重复听录音之后口头回答；或是一些文章中没有具体答案的问题，这样的问题有助于学生通过听前的图式建构和听中的信息获取积累背景知识，从而在讨论中有话可说。此外，教师也可以设计一些其他形式的口语练习，激发学生参与的积极性。

（三）听后任务阶段

听后任务阶段的主要目的是检查学生任务的完成情况，解析学生的错误答案,也就是分析学生造成学生答错的原因,以及改进的方法。培养学生在理解的基础上提取信息的能力也是这一阶段的主要任务。对此,教师要及时布置输出性任务,使学生通过语言实践将听到的语言知识转化为语言能力,这样便能够加速学生语言输入的内化过程,提高学生的听力水平。

三、策略教学法

策略教学法要求教师在听力教学中把培养学生听力策略作为教学的一项重要内容。具体来说,听力策略主要有以下三种。

(一)元认知策略

1. 计划

在进行听力练习前,学生应对听力活动的目标、过程、步骤做出规划与安排,包括找出听力学习的特点及难点所在,同时制订短期或长期目标。在此过程中,教师应给出具体的学习任务,以便学生明确听力的目的,从而为听时有选择地集中注意力做准备。

2. 监控

依据学习目标,学生要有意识地监控学习计划中的各种信息,如学习进程、方法、效果、计划执行情况等。首先,排除干扰,集中注意力听完听力材料,有选择地注意某些信息,掌握主次信息。其次,要积极思考,善于速记。在听力过程中,应该把握语篇的衔接手段,找出中心句以抓住整个听力材料的逻辑关系。在此过程中,教师应引导学生学会利用速记符号或缩略词等勾画语篇框架,以便获取更加条理化、系统化的信息。

3. 评估

评估策略是学习者自我检查、自我反省的一个过程。无论处于学习的哪一阶段,学生都在或多或少、自觉或不自觉地进行自我检查,反思学习的过程和成效,改进学习计划和学习方法,更有效地提高听力水平。在听力学习过程中,学生在完成某一阶段的学习任务后,应该客观、全面地评估自己学习计划的完成情况,通过评估看到自己的进步,发现自己未能完成听力任务的原因,并找出解决问题的方法。只有这样,才能逐渐提高学生的听力水平。

（二）认知策略

认知策略对听力学习尤为重要。为了让学生更好地掌握并运用认知策略，教师可以在听力教学过程中创设一些听前活动，一方面可以激活学生已有的、与主题相关的图式，另一方面可以传授一些与听力材料有关的背景知识和词句方面的语言知识。同时，让学生明白句子的重音对表达语言意义的作用，知道如何找句子的关键词、主题句，如何就已经理解的内容进行合理的推理等。

具体来说，认知策略包括通过识别关键词和关键句来把握主题；根据上下文、语调、主要句重音和语篇标志来推断词义；记录一些细节信息，如重要的人物、时间、地点、数字等；有意识地将学生已有的社会文化知识和已有的语言基础知识与所听语言材料建立起联系。

（三）情感策略

在语言教学中，学习者的学习行为与学习效果与其在学习过程中的情感状态密切相关。学习者的情感因素主要包括学习过程中的兴趣、动机、自信、意志力、态度等积极情感，也包括焦虑、内向、含羞、胆怯等消极情感。积极情感对学习者的学习起到促进作用，相反，消极情感则阻碍了学习的进程。因此，教师要充分发挥情感因素的积极作用，从而激发学生的英语听力兴趣，使之积极地参与课堂教学活动，提高教与学的效果。

在听的过程中，教师要对学生的情感有所控制，如提高兴趣、克服焦虑等，这就是情感策略的运用。如果学生中有出现一些不利的情感问题的现象，如自主学习策略实践的程度不够，听力的自我效能低等，教师应该及时地运用正确、积极的心理情感策略来帮助学生克服问题。

第三节 提升英语听力自主学习能力的策略

一、储备丰富的背景知识

学生听听力材料时不仅仅是听懂语言的表面含义就够了，很多时候只有弄懂语言背后的文化内涵才算真正听懂，也才能正确解题。因此，学生在自主学习过程中，要多储备相关的背景文化知识，具体来说，可以从以下三个方面进行努力。

(一)积累具有文化内涵的词汇知识

具有文化内涵的词语是指蕴含着丰富的社会文化意义的词或短语,这些词在英汉两种语言中的文化内涵有时相去甚远。例如,红色(red)这一颜色在色彩体系中是最耀眼、最鲜艳、最富有刺激性的一种色调,也是中国文化中的基本崇尚色,可象征吉祥、喜庆、顺利、成功、革命、进步、美丽。相比之下,red 在西方文化中则常常表示负面含义,如负债、亏损、放荡、淫秽、暴力、流血等。学生在平时学习中要多积累这些具有丰富文化内涵和联想意义的词汇,以便在听力过程中准确判断词义。

(二)积累英语国家相关的习语知识

习语作为语言的精华,是人类智慧的浓缩,在人们的生活中发挥着重要的作用。所谓习语,就是习惯使用而形成的固定语言形式,是指人们通过对社会现象和生活经验的总结而形成的,经久流传下来的固定表达形式。可以说,每一种语言都含有大量习语,人们在日常生活中也会经常用到习语,因此学生在学习过程中要注意积累英语习语,为顺利进行跨文化交际奠定良好基础。例如:

Trojan horse 特洛伊木马

crocodile tears 鳄鱼的眼泪

An eye for an eye, a tooth for a tooth.

以眼还眼,以牙还牙。

Distance water cannot put out a near fire.

远水救不了近火。

(三)积累英语国家的社会风俗和生活习惯相关的知识

学生平时应多积累有关英语国家的社会风俗和生活习惯的知识。例如,中国人送礼常常是在请求别人帮助前送出,这样可以使事情办得更顺利一些。因此,到某人家里提着礼物,大多数情况下是有事相求。中国人在接受礼物时往往并不喜形于色,并且不当面打开礼品。当所有客人都离开后,主人才打开礼品。与此不同的是,西方人一般是在得到帮助之后通过送礼来表达谢意。他们注重的是送礼的行为和礼物的象征意义。西方人在接受礼物时,往往会当面小心地打开礼物并称赞一番,若礼物非常合心意还会拥抱一下。

从家庭观念来看,中国家庭强调家族本位,注重血缘关系和亲情伦理,家庭观念很强,因此父母、子女无论何时都是一家人,三代同堂、四世同堂的现象十分常见。值得一提的是,子女即使成家立业也始终不和父母分离,并且将赡养父母看作是自己的责任和义务。相比较而言,西方国家强调独立意识,家庭观念较为薄弱。因此,西方国家的家庭模式多是夫妻两人制定的,中国的大家庭现象在西方国家十分少见。此外,子女长到18岁就应该有自己的隐私和空间,不应再和父母住一起,而应独立闯荡。而对父母来说,他们既没有义务继续为子女当保姆,也没有将子女留在身边尽孝的想法。很多家庭都有一个约定俗成的规矩,就是如果回到父母家里超过一个月的居住时间,就要付给父母房租和饭费。

二、掌握各种应试技巧

听力测试是检验学生听力水平的重要手段,而能否掌握一些实用的应试技巧在很大程度上影响着学生的分数。学生在听力练习中要多加总结,积累一些应试技巧,以便考试时灵活运用、不乱阵脚。这里主要介绍以下几种应试策略,供学生参考学习。

(一)听前预览

听前预览就是在做每一个小题之前,先把每个小题的选项通读一遍。通过听前预览,学生可以做到心中有数,因为不仅可以预测要听到的句子、对话或短文的内容,还可以事先掌握一些数字、人名、地点之类的特别信息,尤其是其中的一些人名。这样学生在具体分析听力材料过程中会更有把握,提高听力训练效率。相反,如果不进行预览就直接听材料,那么学生一旦遇到题中提到两个或两个以上相似的信息,就很容易被干扰,进而学生的听力节奏也会被打乱,甚至会造成紧张心理,从而影响答题。可见,在做听力测试前进行听前预览对于有效地完成听力测试具有很大的意义,学生要引起重视。例如:

A. In the dormitory.　　　　　　　B. In the classroom.
C. In the restaurant.　　　　　　　D. In the library.

浏览上述四个选项之后便可猜到,问题肯定与场所有关,于是就有了一定的心理准备,在听的过程中就会关注与场所有关的词语。正如所预料的那样,该题目确实与场所有关:

M:I'm exhausted today. I've been here in the classroom all day reading and doing my homework. What about you?

W:Not too bad. But I'm hungry now. Let's go to the restaurant, shall we?

Q：Where does this conversation take place?

上述听力材料中共出现两个地点,但经仔细分析便知,C 选项是干扰项,因为提到 restaurant 时,使用的是介词 to。据此可以轻松地选出正确答案 B。

(二)留心关键字

无论对于谁来讲,要想完全听懂一段听力材料是不可能,但没有听懂并不等于不能答题,有时只听懂了其中的一部分,仍能答对问题,其中关键词的把握十分重要。因为有些题目主要就是听关键词,抓住了关键词,问题也就解决一大半了。所以,在教学过程中教师要经常培养学生抓关键词的能力,以显著提高学生的听力水平。例如:

M：Who dealt last time? I think it's my turn to shuffle.

W：Cut the deck last time, so it must be your deal.

Q：What are these people doing?

选项:

A. Dancing B. Sailing a boat

C. Playing cards D. Cutting wood

只要听出关键词 dealt(发牌),shuffle(洗牌),cut the deck(倒牌),deal(发牌),那么选出正确答案也就不难了,正确答案为 C。

(三)注意所提问题

注意所提问题和听前预览的作用类似,都在于未雨绸缪。具体来说,要想更顺利地选出正确答案,首先要听懂所提问题,如果连问题都没有弄清,即便听懂了内容也不可能选出正确答案。例如:

W：John, I called you yesterday evening, but you were not in.

M：I went to the cinema with a friend of mine.

Q：Can you tell me where John went?

选项:

A. He went with Linda. C. He went last night.

B. He went to the cinema. D. He went by car.

在上述听力材料中,所提的问题是 where,根据所提问题,正确答案也就很容易选择了。正确答案是 B。

(四)边听边记录

英语听力的测试题型多种多样,有选择题也有短文理解,而且往往不

第五章　自主学习能力培养下的英语听力教学法改革

只是一句话。可见,听力除考查学生的听力能力外,还考查学生的记忆力。有时学生虽然听懂了,但由于要记忆的内容太多,学生很难记住需要听的全部内容,学生没能记住重要的内容,因此很容易产生急躁的情绪。因此,学生在平时训练中就要养成边听边记录的习惯。所记录的内容可以是数字,也可以是关键词等信息。由于所要记录的内容可能很多,因此就需要对所听内容进行快速筛选,同时辅以方便快速的记录方式。

1. 有选择性地记

在记录时,有些学生试图记录所有的信息,因此对所记录的内容没有选择性。实际上,这种做法是不科学的,因为要想记录所有的内容是不可能做到的,所以记录要有选择性,所记录的信息应是重要的、容易忘记的信息,如时间、地点、数量等。例如:

Here's a recipe for delicious dumplings, which, you can eat on Chinese New Year. Here's what you do.

Take a cabbage. Chop it into fine pieces. Squeeze the cabbage so as to take away all the juice. Mix the chopped cabbage with minced meat. Then you add salt and vegetable oil. Then you must make the dough. To make this, you mix flour with water. And then you divide the dough up into small pieces. And you roll out each bit with a roller into thin round pieces of dough. Then on each small piece of dough you put a spoonful of the mince. And you wrap it up like a little packet. And then you put it in water and boil it for ten minutes and then you eat it. It's delicious!

在听短文时,可以做如下记录:

dumplings, Chinese New Year, cabbage, chop, squeeze, minced meat, salt, vegetable oil, make dough, mix flour with water, round piece of dough, put a spoonful of mince, wrap it, boil it, ten minutes

上述这些记录可有效加深学生对文章的记忆,在遇到与上述记录相关的目的时,就很容易选出正确答案了。

2. 有效运用各种缩写、符号

缩写、符号等形式的有效运用可显著缩短记录的时间和减少记录的负担。因此,教师要有意识地培养学生使用通用的缩写和符号的能力,以提高记录的效率。来看下面缩写和符号:

should — shd　　　　possible — poss
professor — prof　　　teacher — teach

doctor — doc
bicycle — bike
television — telly
veterinarian — vet
laboratory — lab
experience — exp
after — aft
week — wk
transport — trans

advertisement — ad
gymnasium — gym
telephone — phone
photograph — photo
examination — exam
available — avail
excellent — exc
modem — mod

符号：

and — &
smaller than — <
so — ∴

dollar — $
bigger than — >
change into — →

pound — £
because — ∵
per cent — %

三、加强听力练习

学生在平时学习中要进行各种练习，并且要根据学习目的进行练习。具体来说，可进行如下几个方面的训练。

（一）提高听力预测能力的练习

有时在听听力材料时，学生往往可以依据常识、背景知识、语言知识、图片等来预测即将听到的材料，为听力训练的进行做好准备。

例如，看下列听力材料内容：

1.

Bob：Hi, Tom, I haven't seen you for a long time. Where have you been all this time?

Tom：Hi, Bob! I've been away to France to teach English there. And how are you?

Bob：Good, thanks. And you?

Tom：Oh, I'm fine. Oh, my car is just outside the station. Shall I give you a lift?

Bob：Oh, yeah! Thank you.

2.

Frank：   Excuse me, Mrs. Black?

第五章　自主学习能力培养下的英语听力教学法改革

Mrs. Black: Yes?
Frank: I'm Frank from Beijing Normal University. How do you do?
Mrs. Black: How do you do? Thank you for coming to meet us.
Frank: Not at all. Did you have a good trip?
Mrs. Black: Yes, I did. Thank you for asking. Let me introduce Jackie Last to you. She's my secretary.
Frank: How do you do!
Mrs. Black: How do you do!

3.
Man: Good morning, class. This morning I'd like to introduce you to my wife. Her name is Laura. When I met her, she was working as a nurse in Zambia in Africa. Now she's a nurse here—at King's Hospital.
Laura: It's nice to meet all of you. My husband has told me so much about you. Your name is…
Lilei: My name is Lilei.
Laura: Harry, and where're you from?
Lilei: You see I'm from Tianjin. I mean my family are in Tianjin but actually I was brought up in Beijing.
Laura: Beijing!
Laura: Yeah.
Laura: I've been to Beijing 3 times. I love it.
Lissa: Hi! Dorothy. My name is Lissa. L…i…s…s…a.
Laura: Lissa. Are you from Egypt?
Lissa: No, I'm from Lebanon.
Man: Dorothy, this girl over there, her name is Yoko. She doesn't talk much but her spoken English is very good.
Laura: Yoko. It's nice to meet you. That's a very beautiful name. Are you from Japan?
Yoko: Yes, I am, but I've been in America for about seven years. I've been going to an American high school.
Yoko: Thank you.
Laura: You've been here for years?
Yoko: Yes.

Dorothy: Uh-huh.

可以看出,上述三个例子的主题是打招呼和介绍,对话的双方有的认识,有的不认识。对于这样的听力材料,学生可以进行以下练习活动,以培养预测能力。

Circle the topics that you imagine the English-speaking people tend to talk about when they first meet.

weather　　salary　　　　eating habit　　address　　　names
hobbies　　nationality　　jobs　　　　　　clothes they're in

(二)培养获取主旨大意能力

对于大部分学生而言,要听懂听力材料的每一个细节,弄清每一个词语,是很难实现的,然而有时这也是完全没有必要的。只要了解了文章的大意,抓住了文章的主旨,也就能领悟全文了,问题也就能迎刃而解。因此,培养获取主旨大意的能力很重要。请看下面一篇听力文章:

Michael Jackson is one of America's most successful singers. He's also well-known for his dancing.

He started singing in 1965. He made his first record in 1970. Nobody knows how many records he has sold all over the world. One of his records sold seventeen and a half million copies.

Michael was born in 1959. He has four brothers. The five of them used to sing in a group called "The Jackson Five". They started singing in public in 1965. In 1970 the group made their first record; it was called "I want you back". It was very successful. In America it was Number 1 and in Britain it was Number 2. They had three more hits in the same year.

In 1978, Michael acted in his first film. The first record which he made on his own sold eight million copies in the world. This was the beginning of his success.

Michael doesn't go out much. He is too well-known. He lives in a large house and keeps lots of animals. He never eats meat.

学生可以通过以下练习来培养获取文章的主旨大意的能力。

Ⅰ. Listen to the text and decide upon a title for the text.

Ⅱ. Listen to the text and choose one title from the following.

① The Pop Singer

② The Pop Song

③ Michael Jackson

第五章 自主学习能力培养下的英语听力教学法改革

Ⅲ. Listen to the text and put the following sentences in the order in which they are mentioned.

( ) A. In 1978 Michael acted in his first film.
( ) B. Michael was born in 1959.
( ) C. He started singing in 1965.
( ) D. The five brothers started singing in public in 1965.
( ) E. He made his first record in 1970.
( ) F. In 1970 the group made their first record.

(三)培养捕捉细节信息能力

听力不仅考查学生对听力材料的中心思想和主旨大意的把握,也考查学生抓取细节信息的能力。有些细节信息对于听力材料内容的理解起着至关重要的作用,弄清楚这些细节信息十分必要,如时间、地点、人物、数字等。学生在听的过程中往往会忽略以上重要的细节,结果在遇到与细节有关的问题时就不知从何入手。对这一问题,学生在平日训练中要多加注意。请看下面的文章:

Cary: How was your holiday? Wang Ming?
Wang Ming: Wonderful! I went to Nanjing and spent a week there. I made some friends. We went to Xuanwu Lake and Zhongshan Ling and had a wonderful time. What about you, Nan Feng?
Nan Feng: I didn't go away.
Wang Ming: Why?
Nan Feng: Well, my mother was ill.
Wang Ming: Oh, I'm sorry to hear that.
Li Jun: Where did you go, Cary?
Cary: I went back to Australia. I spent one week with my parents and two weeks by the sea.
Li Jun: Did you have a good time?
Cary: It was great!
Wang Ming: What about you, Fang Qun? Where did you go?
Fang Qun: Nowhere! I failed my maths exam! So my parents made me study during the holidays.
Cary: Bad luck! What about you, Li Jun?
Li Jun: I went to Dalian for a week.

Cary:　　　　Did you enjoy yourself?

Li Jun:　　　I ate some bad fish and was ill. So I stayed in bed for a week.

Wang Ming: Oh dear! Are you better now?

Li Jun:　　　Yes. Better, but thinner!

学生可以通过以下练习进行学习:

Ⅰ. Listen to the tape and tick the names of the people who are talking.

　　Cary　　　　Charlie　　　　Wang Ming　　　　Fang Qun
　　Sun Yao　　 Nan Feng　　　Li Jun　　　　　　Gao Lei

Ⅱ. While listening, look at the two lists below, and match the names mentioned on the tape and the places they went to during the holiday.

　　　　Names　　　　　　Places
　　　　Cary　　　　　　　Dalian
　　　　Wang Ming　　　　Nowhere
　　　　Li Jun　　　　　　 Australia
　　　　Fang Qun　　　　 Nanjing
　　　　Nan Feng　　　　 Nowhere

(四)提高做听力笔记能力的活动

人的记忆能力是有限的,不可能完全记住听力材料中多有的信息,这就需要做笔记来帮助听力的顺利进行。但是有部分学生却不会做笔记,因此学生可以通过一些听力任务来训练做听力笔记的能力。

请看下面一篇听力材料:

First aid means the aid or help that be given to an injured person first before any other help arrives. If a serious accident happens, the first thing we should do is to telephone for help instead of waiting for an ambulance to come. But we can also do something to save someone's life before a doctor comes. For example, if someone cuts himself, wash the area of the cut, dry it and cover it. If he is bleeding badly, you must try to stop it by a piece of dry clean cloth firmly onto the bleeding point until the bleeding stops or help arrives.

Since many injuries happen every day, it is necessary for us to have some knowledge about "first aid" so that we can save a person's life and sometimes ourselves.

学生可以通过以下听力任务来帮助提高做笔记的能力。

第五章　自主学习能力培养下的英语听力教学法改革

Ⅰ. Listen to the lecture and note down the definition and importance of "first aid".

　　First aid means:

　　First aid is important because:

Ⅱ. Listen to the lecture and complete the following outline of the lecture with the main points of the lecture.

① First aid refers to _____.

② If something serious happens, what we should do first is to _____.

③ Before a doctor comes, there are also things for us to do such as _____.

④ First aid is very important, because _____.

Ⅲ. Listen to the lecture and note down the main points in the form of an outline.

_____
_____
_____
_____
_____

第六章 自主学习能力培养下的英语口语教学法改革

当今世界最主要的国际通用和使用最广泛的语言就是英语。口语水平测试不仅是一些面试者求职过程中的一个环节,口语交流还是工作过程中的必备技能。因此,英语口语水平的高低对学生的就业和前途有较大影响。当前,大学生专业英语口语学习主要是借助口语课堂实现的。口语课堂主要以外教讲解和学生小组讨论的形式展开。但是,很多学生都反映有限的口语课堂无法为其提供充分的口语学习机会。另外,口语能力的提高往往需要进行大量的实践,学生不仅要依靠课堂进行口语练习还要在课外完成大量口语自主学习。

第一节 英语口语教学综述

一、口语教学的意义

(一)可以激发学生的英语学习兴趣

受传统英语教学模式的影响,一些教师在当今的口语课堂教学中仍然采用"满堂灌""一言堂"等的讲授模式。陈旧的口语教学模式使得师生之间很少有互动,学生在课堂上说英语的机会更少之又少,逐渐使学生失去了说英语的兴趣,甚至觉得口语课没那么重要。渐渐地,很多学生在口语课上表现出积极性不高,过于活泼好动、注意力难集中等问题。

然而,近年来随着多样化教学模式的运用,英语教师在口语课堂上更注重对气氛的调动,也更关注学生的兴趣,这就调动起了学生的积极性,使英语教学的效率大大提升,学生的口语水平也得到显著提高。

(二)可以培养学生的语感和英语思维

很多学生会受到所掌握的汉语和生活环境的影响,在听力理解过程中

第六章　自主学习能力培养下的英语口语教学法改革

也不自觉地从汉语的角度入手思考问题,从而经常出现英语汉化的现象。随着口语教学的不断渗透,学生也有了越来越多的用英语交流的机会,这就有效地培养了学生的英语语感。多样化的口语训练使学生的思维更加活跃,从而大大提高了学生的英语综合能力。例如,当学生学习 *Where has all my money gone?* 这课时,教学大纲要求学生 talk about money management and find ways to save money。总体上说,本单元内容与学生的实际生活有着较为密切的联系,因为他们经常会遇到生活费不够的问题。当教师在课堂上为学生创造一定的场景时,学生在用英语口语交流的过程中,也会表露自己的真实情感,产生更大的交流欲望,不但提高了课堂教学的效果,而且充分调动起了学生的英语思维。

(三)利于未来的生活和发展

随着国际化浪潮的推进,英语作为一门语言开始频繁地出现在人们的工作和学习中。因此,很多用人单位在招聘时会考虑应聘者的英语水平,这个英语水平不但指书面语的水平,还有口语水平。于是,口语水平较高的学生在应聘工作中就比口语水平低下的学生更有优势。随着经济的发展以及大学交流项目的增加,很多人在大学期间就获得了珍贵的就业机会。实际上,这些工作机会都是为有准备的人而来的,即英语好、口语流畅、优秀的同学。

对一些家庭条件优越或有着更高学习目标的学生来说,更高的殿堂不一定是大学,或者说不一定是国内的大学。所以,很多学生在很早就有了出国深造的意向。而要想出国留学,必须先具有地道流利的英语口语。出国前的英语考察,出国后对于当地环境的快速融入,直接与当地人进行交流沟通是了解当地文化最快的方式,但要做到这些,仅用肢体语言是很难完成的。因此,学好英语口语对于有留学打算的学生是极为重要的。

事实上,学生的口语学习完全可以从高中甚至初中就开始进行。需要指出的是,尽管口语的作用极为重要,但口语练习并非一蹴而就的,要真正学好口语离不开长期的刻苦和练习。

二、口语教学的目标与内容

(一)口语教学的目标

对于高等院校的英语学习者来说,有专业和非专业之分。分别用表 6-1 和表 6-2 说明英语专业和非英语专业学生应达到的口语水平,也就是高等学校组织英语专业和非英语专业英语教学的主要依据。

表6-1　高等学校英语专业英语口语教学大纲

入学要求	二级要求	四级要求	六级要求	八级要求
能熟练地就课文内容进行问答,并进行简单的讨论;经过准备,能简单而连贯地复述听过的或读过的语段;能就日常生活的话题进行初步的交际;能清楚而连贯地讲述学生熟悉的题材和课文内容,长度不少于八句。	能就所听到的语段进行问答和复述;能就日常生活话题进行交谈;做到正确表达思想,语音、语调自然,无重大语法错误,语言基本得体。	能在一般社交场合与英语国家人士交谈,做到正确表达思想,语音、语调自然,无重大语法错误,语言基本得体。	能就所熟悉的话题进行交流;能比较流畅和准确地向外宾介绍国内的名胜古迹、我国当前的形势和政策方针;能比较系统、深入、连贯地发表自己的见解。	能就国内外重大问题与外宾进行流利而得体的交流;能系统、深入、连贯地发表自己的见解。

(资料来源:《高等学校英语专业英语教学大纲》,2000)

《大学英语课程教学要求》(2009)针对大学英语口语教学的目标划分了三个层次,如表6-2所示。①

表6-2　非英语专业英语口语教学要求

一般要求	较高要求	更高要求
能在学习过程中用英语交流,并能准备后就所熟悉的话题作简短发言,表达比较清楚,语音、语调基本正确。能在交谈中使用基本的会话策略。	能用英语就一般性话题进行比较流利的会话,能基本表达个人意见、情感、观点等,能基本陈述事实、理由和描述事件,表达清楚,语音、语调基本正确。	能较为流利、准确地就一般或专业性话题进行对话或讨论,能用简练的语言概括篇幅较长、有一定语言难度的文本或讲话,能在国际会议和专业交流中宣读论文并参加讨论。

(资料来源:《大学英语课程教学要求》,2007)

---

① 转引自何少庆.英语教学策略理论与实践运用[M].杭州:浙江大学出版社,2010:98.

(二)口语教学的内容

1. 语言形式

语言形式包括词汇、语法知识及运用能力。词汇、语法主要指口头交际任务完成所需要的词汇和语法知识及表达能力。语言形式教学要求语言形式准确、流利、多样。

(1)词汇。语言能力的培养是交际能力培养中至关重要的一环,而词汇则是使交际得以进行的语言能力的核心。在交谈过程中,当合乎交际礼仪的交流框架构建起来以后,人们的交流就要依靠词汇来进行填充。在英语教学中,许多学生对单词的所谓"掌握"只是一般性的识记中文释义和会拼写,却不能脱口而出地使用词语造出句子。也就是说,语言交际框架的最基础阶段和层次的问题没有得到解决,这种情况下学生的口头表达能力也很难得到提高。

因此,学生口语能力差的最根本原因之一是词汇掌握程度差。从这个意义上说,口语教学的内容离不开词汇教学,词汇教学应该交际化。要实现词汇教学的交际化,口语教学须从语音,从单词的音、形、义的练习以及词的搭配、造句入手,扩大学生的积极词汇,这是提高学生口语能力的有效途径,也是提高学生口语能力的前提和关键。

(2)语法。语法是组词成句的规则,是正确表达的一个重要前提。在我国传统的英语教学中语法一直处于中心位置。尽管如此,学生对语法的掌握也多是机械记忆、缺乏变通,不能熟练地应用到口头交际中。因此,语法教学仍然是口语教学的重要内容,而且也应走交际化、实用化的路线,这是口语语法教学的关键。语法教学交际化包括以下几个方面。

其一,训练学生听懂特定的口语句型。

其二,训练学生熟练地使用语法句型表达自己的思想。

其三,向学生讲授口语句型的特点,并对此进行专项训练。

有的教师和学生把词汇教学、语法教学与口语教学对立起来,这是口语教学中的一个严重认识误区。事实上,词汇和语法都对学生的口语技能起着至关重要的作用。词汇是表达的基础,语法是表达的规范,离开词汇和语法英语口语也就无法表达。

2. 文化知识

文化知识也是英语口语教学十分重要的内容。交际的得体性决定了学生必须掌握一定的文化知识,包括普通的文化规则和不同文化之间的交际规则。这就是说,学生除了要具有扎实的语言基础知识外,还要具备一定的文化知识。文化对语言的影响和制约主要表现在两个方面:影响词语的意义结构,影响话语的组织结构。

3. 会话技巧

为了能够使用英语得体地进行语言交际活动,学生在学习英语口语时必须学习、掌握一些会话技巧。蒂莫西(Timothy,1987)认为,怎样开始说话是一个重要的问题,怎样结束谈话也是一个值得研究的问题。话轮转换技巧对会话的成功起着至关重要的作用。对于本族语者而言,话轮转换很容易而且很自然就可学会,但是对于二语学习者而言却并非易事。无论是第一语言的口语学习还是第二语言的口语学习,都必须学习关于交际的知识和互动的技能。下面介绍一些在开始谈话、谈话中和结束谈话三个环节常用的句型。

开始谈话:
Hey! You there!
嗨!是你!
Look at there! …
瞧!……

谈话中:
Could you tell me…?
你能告诉我……吗?
I wonder whether you could tell me…
不知您能否告诉我……
It seems to me that…
在我看来,……
What is your opinion/view?
你有什么看法(见解)?
What do you think of…?
你认为……怎么样?
About…,I think…
谈到……,我想……
To talk to…,I think…
谈到……,我想……
Could we move on to the next item?
我们可以接着开始讨论下一个项目吗?

I nearly forgot…
差点忘了，……
It is difficult to say.
很难说。
I'd rather not say anything about that.
对此我宁愿不发表任何意见。
结束谈话：
It's about time I was going, I am afraid.
恐怕我该走了。
Please forgive/pardon me, but I have to be going now/ oughtn't to stay any longer.
请原谅，我该告辞了/不能再逗留了。

三、口语教学的原则

（一）先听后说原则

听与说是一个问题的两个方面，二者之间存在相辅相成的关系。具体来说，说以听为前提。在具体的口语交际过程中，只有首先听懂对方的话语，才能据此进行回应，使交际顺利进行下去。

在口语教学过程中，学生通常先通过听来进行词汇量与语言信息的积累。当这种积累达到一定程度之后，学生的表达欲望也逐渐被调动起来，他们就会尝试着进行口语表达，进而实现真正意义上的口语交际。如果没有听的积累，就不会有说的能力。可见，在口语教学中应坚持先听后说原则，从而使学生在听的基础上积累，通过听来不断提升说的技能。

（二）循序渐进原则

口语能力的提升常常需要一个日积月累的过程，因此口语教学应层层深入、由易到难、循序渐进的展开。例如，我国大学的学生通常来自全国各地，很多学生的英语口语表达都会或多或少受到方言的影响。面对这样的情况，教师应分析学生的语音特点与发音困难，进而为学生纠正发音提出建议与指导，使学生按照由易到难的顺序，从语音、语调、句子、语段等层面逐渐提高，主动、积极地说出发音规范的英语。

需要注意的是，教学目标的设计要科学合理，过高的目标会给学生带来过多的心理压力，过低的目标难以调动学生的积极性与兴趣，因此教学目标既不能过高也不能过低。

（三）情景化原则

语言的运用需要在一定的情景和场合下进行，因此在口语教学中我们要重视情景这一因素。但是对我国的学生来说，他们缺乏的正是在真实情境下操练口语的机会。因此，在口语教学中，教师要根据不同的教学内容设计不同的练习情景，让学生在一定的情境中练习口语，这些情景最好要贴近学生的生活，让学生有对真实语境亲身经历的感受，激发其参与的兴趣。

情景是多种多样的。例如，情景可以是购物、看电影、访友，也可以是一套连环画，学生可以根据连环画讲述故事等。此外，教师还可以根据不同阶段的学生在同一情景下提出不同的要求。

（四）准确、流利原则

口语表达是一种输出技能，不仅要求准确，而且要求流畅。在口语教学中，教师既要开展以训练学生语言准确性为中心的活动，也要开展有利于培养学生语言流利性的活动。在技能的获得阶段，要优先考虑语言的准确性；随着学习的不断深入，在语言准确性的基础上，应该要求学生能够以正常的速度自然地讲英语。这是一个长期的过程，教师和学生都不能急于求成，要认真对待过程中取得的进步。

（五）科学性原则

在口语学习过程中，学生难免会出现各种各样的错误，有的教师会匆忙打断学生的思维和交流去给他们纠错，这样不仅会中断学生的思路，还会打击学生的信心，使学生因紧张害怕而不敢开口说英语。教师在纠正学生的错误时，要讲究策略，运用科学的方法，根据不同的场合对不同的学生犯的不同的错误进行区别对待。在操练语言的场合，可多纠错，但在运用语言交际时则要少纠错；对学得较好、自信心较强的学生当众纠错会给其心理上带来满足和激励，然而对于学习困难较大、自信心较弱的学生，要尽量避免当众纠错，防止加重其自卑感。在口语教学中，纠正错误的最佳方法是先表扬，后纠正，并注意保护学生的自信心及给他们自我纠正的机会。

（六）生活化原则

教师在为学生设计口语课堂上的任务时，应遵循生活化原则，使其尽量与学生的日常生活、学习相贴近，以此来更好地调动学生的积极性，使他

第六章　自主学习能力培养下的英语口语教学法改革

们对话题不陌生、有兴趣，进而乐于开口、勇于开口。具体来说，教师可从以下三个方面入手。

(1)应努力提高话题、主题的趣味性。

(2)应对学生的愿望与实际需求进行深度挖掘。

(3)应将教学内容与学生感兴趣的话题有机结合在一起。

(七)互动性原则

机械练习在口语教学中极易使学生感到枯燥乏味，打击学生的兴趣与信心。因此，口语教学还应坚持互动性原则，使口语训练充满互动性，使学生能够在互动练习中不断提高口语表达技能。

根据互动性原则的要求，教师为学生设计的话题应能够使学生展开互动性的练习活动。换句话说，"动"是互动性原则的核心。如果教师采取传统的口语教学模式，在课堂上仍以提问、回答为主要方法，则学生对口语表达的参与是被动的，这会影响学生口语能力的提升。因此，教师可采取多种多样的方法，如角色扮演、对话练习、小组讨论等，使学生之间进行有效的互动练习，从而打破呆板的课堂气氛，为学生营造一种愉快、轻松的学习环境，使他们的思维始终处于活跃状态，进而全面提高他们的口语表达能力。

(八)鼓励性原则

一般来说，学生的口语表达不仅受语言因素的影响，还常常受到一些非语言因素的影响，如心理因素、文化因素、生理因素、情感因素、角色关系因素等，使很多学生在口语练习中不愿开口。著名学者崔(Tsui)于1996年围绕学生不愿意开口说英语这一主题开展了专项调查研究，并将其原因总结为以下五个方面。

(1)学生怕说错而担心其他同学耻笑而不愿说。

(2)学生认为自己的语言水平低，因此不愿意说。

(3)教师提出的问题难度过大，学生本身就不理解。

(4)话轮分配的不均匀。

(5)教师提问时对沉默难以容忍，学生不愿意回答的结果无非是两种：一是教师自问自答，二是由成绩好的学生带头说。

因此，为使学生更加积极地参与到口语练习中，教师应为学生设计一些有意义的活动，并营造出一个较为安全的学习环境。

在著名学者努南(Nunan,1999)看来，鼓励学生并使他们大胆说英语是口语教学中一项很重要的原则，因此教师应为学生创设更多有意义的语境。在这样的语境下,学生不会担心受到嘲笑,这样才能更好地进行口语练习。针对一些口语基础较差的学生,教师可考虑采取"脚架式"教学等方法,使教学策略与学生的状况相一致。

(九)内外兼顾原则

根据内外兼顾的原则,口语教学应在注重课堂教学活动的同时,对课外活动给予充分重视。这是因为,口语教学应以课堂教学为主,但课外活动是课堂教学的延伸与补充,二者之间是相互配合、相互促进的关系。以课堂教学为基础来组织相应的课外活动既可带领学生对课堂知识进行及时的复习与巩固,还可使他们充分利用课外活动的机会来对知识予以运用,加快从知识到技能的转化过程。同时,课外活动没有课堂环境中的正式气氛,学生能以一种轻松、愉悦的心情来参加口语练习,教师也能更加及时地对学生进行指导,有助于学生在不同场合下进行流利、正确、恰当的口语表达。

在完成课后作业的过程中,教师可对学生分组,使他们以组为单位来完成任务,相互之间可围绕任务进行讨论,既有利于不断提高学生的口语能力,还能培养他们的沟通能力、理解能力以及团队合作能力。

(十)科学纠错原则

学生既然开口表达,难免会出现各种错误,小到语法错误,大到语言组织混乱,出现这些问题是非常正常的,教师应该客观对待。如果教师急于纠正学生的错误而打断学生的交流,不仅会打乱学生思路,还会打击学生的自信心,增加学生的恐惧心理,进而失去说的勇气。因此,教师不必急于打断学生的对话,可以在学生结束对话之后采用一定的纠错策略,对不同学生犯的不同错误进行区别对待,根据不同场合及不同性质的错误进行分别的处理。这样既不会损伤学生的信心,还能使学生改正自己的错误,提高自己的口语能力。

四、口语教学的现状

(一)学生存在的问题

1. 对英语缺乏重视,对口语缺乏兴趣和动力

很长一段时间里,英语阅读和写作是英语考试的重点内容,而口语测试很少受到重视。这就使得学生逐渐失去了对英语口语的热情,认为英语

第六章　自主学习能力培养下的英语口语教学法改革

四六级的考试与口语无关,口语课也可有可无,缺少学习口语的兴趣与动力,最终影响了学生对英语口语课堂的参与积极性。

2. 学生的英语基础薄弱

学生的英语基础薄弱也是口语教学的一个问题。因为很多学生来自一些偏远地区,高中及之前的英语课并没引起重视,学生的英语基础也参差不齐。另外,一些学生进入大学,他们学习的目的主要是为了以后能找到工作,所以英语基本的读写能力不高。还有一部分学生完全因为不能吃苦,在学习口语的过程中总是应付了事,课上不主动朗读课文,课下不认真完成作业,使得口语教学陷入了困境,学生的口语水平难以提高。当然,不同的学生因为有着不同的性格,使得学习口语的效果也不同。有的学生性格活泼,对英语口语学习充满兴趣;而有的学生比较内向,总害怕上口语课,怕自己说错而被同学嘲笑。并且,因为教师主要采用的是大班授课模式,难以关注到每一位学生的情绪变化,于是出现了学生口语水平两极分化的现象。

此外,有的学生自主学习意识缺乏,虽然不排斥上口语课,但是在课下也不会主动进行口语训练。这主要与学生的学习动机有关,这些学生潜意识就认为学习口语仅是为了工作,如果短时间里看不到口语学习的价值,就会使他们主动放弃学习英语口语。

3. 英语口语训练不够,学生缺乏自信

如今,不少学校从小学就开设了英语课,但是学生用英语交流的机会很少,缺乏语言环境,长期下去,使得一些学生对自己的英语口语表达产生怀疑,进而对自己的口语缺乏自信。在英语口语课堂上,很多学生会表现出紧张、焦虑、害怕等情绪,所以对口语课缺乏兴趣,担心出错而不敢开口;或者在英语口语交流中,如英语角或课堂的口语情景对话,害怕用英语与别人交流。掌握口语技能,必须强调靠口,如果始终不开口,就无法发现一些发音问题,一味地缺乏自信,学生就不敢表达,不利于学生口语能力的提高和语言交际能力的提升。

(二)教师存在的问题

1. 教师口语水平不高

英语口语教学离不开优秀的师资队伍,如果教师自身有着较高的口语水平,语音标准、语调准确、口语流利,各项英语技能都过硬,并了解英汉文

化和思维差异等,那么学生也就有了更优秀、专业的学习指导者和榜样。然而,我国的英语教师普遍存在口语表达比较薄弱,语言知识更新缓慢,语言技能不够精通等问题,所以这就严重阻碍了学生口语水平的提高和教学效果的提升。

2. 教学方法陈旧

在英语课堂上,教师总是教授一些英语词汇、常用表达、对着音频跟读、角色扮演练习对话或话题讨论等,课堂教学十分单调,在对学生布置任务前较少使用诸如图片、原版电影,背景知识、VCD等多媒体技术和互联网技术创设真实或模拟的英语口语学习情境。英语口语课堂活动单一枯燥,难以激起学生主动参与英语口语交流的积极性。

3. 课堂与学生的互动少

英语口语教学离不开教师和学生的互动。据徐琳在《非英语专业大学英语口语教学现状调查》一文的调查结果显示,仅有大概26%,很少一部分学生认为"口语课上,教师和学生经常进行互动教学,学生之间经常进行合作学习"。而师生互动教学的开展直接影响甚至决定着英语口语教学内容的贯彻、教学策略的实施与教学目标的实现。学生用沉默对待教师布置的、要求练习地学"说"。一旦教师遇到"冷场"、鼓励也毫无作用时,就感到束手无策,影响了教师引导学生练习口语的积极性。

第二节 英语口语教学法改革

一、文化导入法

文化导入法即在教学中导入文化因素。具体来说,由于每种语言都处于不同的文化背景中,因此需要结合文化来理解语言的具体含义。教师在口语教学中可以进行总结归纳,通过在教学中导入英语文化来锻炼提高大学生的英语口语表达能力。文化对比法和教师引导法是文化导入法的两种有效方式。

(一)文化对比法

英汉两种语言存在各种各样的差异,了解这些差异有助于学生在口语表达中更好地提升自己。具体来说,在口语教学中,教师可以首先向学生传授有关中西文化的各种差异,然后指出学生在交流中容易犯的错误,并表明这些错误正是由于不注意中西方文化差异造成的。在反复对比和接受中,学生就能掌握英语和汉语及中西文化间的差异,并在以后的交流中多加注意。此外,学生通过了解不同文化的差异,还能更加尊重不同文化的风俗与习惯,并形成正确处理语言与文化关系的能力。总之,文化对比法是一种行之有效的口语教学方法。

(二)教师引导法

教师在口语教学以及与学生的交流中,应当时刻注意进行有效的引导。特别是在学生产生交际障碍时,教师及时进行启发性的引导,帮助学生解决困难的同时充分尊重学生的主体性地位,进而激发学生学习和运用语言的思维。

二、创境教学法

口语训练只有在一定的情境中进行才能真正起到作用,锻炼学生的口语水平,因为人们的交流总是发生在一定时间和空间内的。所以,教师一定要注意口语教学中情境的重要性,把真实的语言情境引入口语教学,让学生在真实的环境下学习口语,这样学生的表达才会更加地道。一般来说,可以通过下面两种方式创设情境。

(一)角色表演

角色表演是深受学生喜爱的口语练习方式,大学生往往活力四射,对表演有天然的兴趣,因此教师可以有效利用学生的这些特点,组织角色表演活动。教师可以让学生自行分工、自行排练,然后进行表演,满足学生表演欲望的同时,锻炼其组织协调能力、团队合作能力等。表演结束后,教师也不要着急评价,最好先让学生从表演技巧、语言运用等方面发表一些建议,然后再进行总结和点评。

(二)配音

配音也是一种很好的锻炼学生口语表达能力的活动。在配音练习中,教师可以选取一部电影的片段,首先,让学生听一遍原声对白,在听的过程中教师可以适时讲解其中一些比较难的语言点;之后,让学生再听两遍原声并要求他们尽量记住台词;然后,教师将电影调成无声,安排学生进行模仿配音。

教师在选择需要配音的电影时要注意遵循以下几个原则。

(1)语言发音要清晰,语速要适当,以便于学生模仿。有些电影虽然很优秀,但是角色说话语速过快,对英语水平要求较高,学生在配音时很难跟上,这就很容易打击他们的积极性。

(2)电影的语言信息含量要丰富。有些电影尤其是动作片,虽然很好看,学生也很喜欢,但是这类电影往往语言信息较少,不适合进行配音活动。

(3)电影应当配有英语字幕,最好有中英双字幕。如果没有字幕,教师可以要求学生提前将台词背下来,如果学生对电影情节比较熟悉,也可以不背。

(4)影片内容要尽量贴近生活。由于影片大多和人们的真实生活很贴近,语言也贴近生活,因此配起音来相对容易些,更重要的是能让学生学以致用,让他们真正体会到学习英语的实用意义。

三、移动技术教学法

在现代社会,移动通信技术为人们提供了一种丰富、生动且不受时空限制的信息交流方式。在教学领域,越来越多的学者开始关注如何充分利用移动通信技术的优势,将其与口语教学进行有机结合。例如,黄荣怀教授就进行了研究并将"移动学习"定义为"学习者在非固定和非预先设定的位置下发生的学习,或有效利用移动技术所发生的学习"。[①] 在大学英语口语教学中采取移动技术教学法可为学生的口语练习提供全方位支持,丰富学生与英语的接触机会,并实现课内与课外的相互连接。具体来说,移动技术支持的大学英语口语教学包括以下几个流程。

(一)课前自学

在课前,教师对本单元的文化语境、相关知识点进行综合考虑,并据此制作长度适中的音频或视频短片,通过播客(Podcast)传递给学生。学生通过移动设备取得音频或视频文件后,可根据自己的实际情况安排选适当的时间、地点进行自主学习。在这一过程中,学生应完成相应的选择题或录音形式的口语作答,这有利于教师了解他们的学习情况。通过课前活动,学生还能有效激活已有的背景知识,并事先进行充分的口语练习,从而降低焦虑、害羞等带来的负面影响。

---

① 黄荣怀.移动学习——理论·现状·趋势[M].北京:科学出版社,2008:8-10.

（二）教师讲解

在课前自学阶段，学生已经在课前对相关内容进行了自主学习，对知识点已有所熟悉，此时教师的讲解主要集中在一些重要的词汇、句式与语法项目上。此外，教师可在讲解过程中再次为学生播放音频或视频资料，从而使学生将所讲知识与语言材料结合起来进行理解。

（三）课堂互动

课堂互动灵活多样，可采取生生互动、师生互动等形式，旨在引导学生在具体语境中对语言进行灵活运用。需要注意的是，教师在设计互动活动时应坚持由易到难、由浅入深的原则，将机械性练习与灵活性练习、创造性练习与半机械性练习、高难度练习与可接受性练习相结合。课堂互动能创造愉快、轻松的学习氛围，为每个学生提供参与机会，有效弥补大班上课的缺点，使一些害怕开口的学生也敢于进行英语交流。

（四）课后的移动式合作学习

课堂教学时间是有限的，只能引导学生对新知识进行初级的认知与练习。要想在真实情境中对语言进行更深层次的运用，则必须依靠课后的时间。教师可以本单元的主要内容与知识点为依据，为学生安排开放式的真实任务，以此来引导学生通过合作方式进行口语交际，使他们在探索语言运用方式的过程中扩展新知，并在发现问题、分析问题、解决问题的过程中培养创新思维。

为保证每个学生可以顺利完成任务并在任务的完成过程中有所收获，教师可以学生的课堂表现为依据来进行分组。具体来说，教师可用短信的方式来通知学生分组情况与具体任务，使他们的合作学习得以顺利开展。学生在完成任务时可充分利用移动技术进行沟通，使生生之间、师生之间保持信息的通畅。学生可将自己的任务上传给教师，教师可在阅览后进行及时回复并给出适当建议。

第三节　提升英语口语自主学习能力的策略

一、注重朗读

学生在用英语进行表达之前，朗读是一个很重要的准备工作，它能培养学生的英语语感，从而有效提高口语水平。因此，教师应该鼓励学生每天能抽出一点时间进行朗读,朗读的材料可以自行决定,根据自己的兴趣爱好选择。通常,越是学生感兴趣的内容,就越不需要学生自行组织语言,所以学生可以轻松地完成。英语朗读一方面可以让学生感受文章的意境,另一方面也能听到自己的发音,培养自己的语感,从而为接下来的口语表达做充足准备。

二、强调复述

口语水平的提高还离不开对语言材料的复述。复述可以增强学生对英语语言的记忆,从而逐渐产生一定语感。复述是提高学生语言组织能力的一个有效练习方式,而这对学生口语水平的提高十分有利。所以,学生日常的口语训练可以进行一定的复述活动,先对所学语言材料进行通读,对其内容有一定了解之后,试着用自己的语言复述一遍材料内容。复述活动可以是同伴相互复述,也可以用录音机记录自己的复述,复述完之后可以照原文检查自己复述的准确性和完整性。

三、努力背诵

朗读和复述活动完成之后,学生的口语学习可以再次增加难度,即对语言材料进行背诵。通常,背诵不但可以锻炼学生的发音和语调,而且可以使学生在反复练习中体会语言的语法和修辞,并能在记忆和模仿中培养学生的语感。因此,教师可以为学生选一些英文散文、诗歌等,要求其背诵,逐渐提高学生的口语水平。

四、收集习语

许多学生在学习英语的过程中都会遇到这样的问题,即对听到和看到的单词都认识,但将它们组合起来就不知道什么意思,其实这主要是因为对英语习语的不了解。习语是在长时间使用中逐渐被提炼出来的形式固定的短语或短句,它们有着鲜明的形象,并且包涵浓厚的民族色彩。因此,学习、积累和掌握英语习语对于提高口语交际的准确性、恰当性和有效性都非常有利。对此,学生在日常的口语学习中要有意识地积累和整理英语习语,以便为口语交际打好基础。例如:

a drop in the ocean 沧海一粟

as light as a feather 轻如鸿毛

an eye for an eye,a tooth for a tooth 以眼还眼,以牙还牙
walls have ears 隔墙有耳
to be on thin ice 如履薄冰
to add fuel to the fire 火上浇油
to fish in troubled waters 浑水摸鱼
out of sight,out of mind 眼不见,心不烦
to spend money like water 挥金如土
A fox may grow gray but never good.
江山易改,本性难移。
An idle youth,a needy age.
少壮不努力,老大徒伤悲。
Old friends and old wine are best.
姜是老的辣,酒是陈的香。或者:陈酒味醇,老友情深。

五、主动与他人交流

学生口语能力的提高还离不开主动与他人进行交流。学生只有通过不断的英语对话和交际才能提高自己的语言组织能力,但是我国学生的口语水平普遍较低,这一方面是因为没有说英语的环境,另一方面是因为不愿意开口与人主动交谈。很多学生担心主动与他人交流会受到冷遇,所以总是胆怯不敢开口,而是希望对方能主动和自己交流,这就错失了很多口语交流的机会。对此,学生应该努力克服自己的心理,勇于开口,主动地与他人交流,通过大量实践提高口语水平。

六、使用肢体语言

人与人之间的日常交际,除了可以借助语言外,还可以利用非语言手段传达信息。因此,要进行流利、有效的口头交际,也可以借助形体语言传递情感、表达想法、帮助交流。其中,最常用的肢体语言有微笑、接触、目光交流、点头等。学生在学习语言知识的同时,也不要忽视非语言知识的学习。总而言之,流利的口语加上"身"情并茂的肢体语言将会使学生的口语水平上升到一个新的境界。

七、了解目的语国家的文化习俗

　　语言与文化密切相关,且互相应影响和促进,所以要学好英语口语,就应了解英语国家的文化背景知识。文化往往渗透在日常生活和交流的各个方面,了解英语国家的文化习俗以及英汉语言之间的文化差异,可以使学生在与外国人交流时看起来更加自然、得体。通常,学生可以通过书刊、电视、电影、网络等学习英语国家的文化知识,不断拓展自己的视野,提高文化素养。

八、创造说的机会和环境

　　学生要想熟练地掌握口语技能,仅靠课堂上的口语练习是远远不够的,还必须在平时的学习和生活中抓住和创造各种机会练习口语,这样不但增加了说的机会,还创造了说的环境。例如,学生可以通过听英语歌曲和广播等培养自己的语感,纠正自己不良的发音;可以参与英语角等活动,并结交一些外国朋友,从而直接和外国人交流,学到纯正的英语;可以与学生一起在课余时间编排英语短剧等。这些活动不仅可以弥补英语语言环境的缺失,还能有效提高学生的学习兴趣,进而锻炼学生的口语能力。

九、缓解紧张感

　　与其他英语技能学习相比,学生在学习口语时的紧张情绪最为明显,所以学生经常是伴着焦虑情绪学习口语的。很多学生都认为,在读和听的时候都能理解,但一到说的时候就觉得紧张,甚至大脑会出现空白,一个词都说不出。因此,学生要学会缓解和控制自己的紧张情绪,具体可以采用如下方法来处理。

　　(1)学生可以在说之前进行深呼吸,放松全身。

　　(2)当要开始口语任务之前的十分钟可以听一些舒缓的音乐,让自己的精神尽可能放松。

　　(3)学生还要学会自我鼓励,在说之前,在心里默默告诉自己"I can make myself understood even though my vocabulary is limited."(即使我的词汇量有限,我也能表达清楚我的意思)。通过自我暗示,可以让学生心理轻松很多,当遇到生词时也能采用一定策略将自己的想法表达出来。

第七章 自主学习能力培养下的英语阅读教学法改革

阅读作为一项实用性很强的技能,不仅是学生用以巩固词汇、语法知识的一个重要手段,也是学生获取大量语言输入,刺激语言输出的一项重要途径。阅读教学是我国英语教学的重要组成部分,因此备受重视。同时,阅读可以说是一项终身活动,对学生来说,其课堂学习时间毕竟是有限的,因此学会自主阅读能力有助于保证其终身学习的有效性。本章就对自主学习能力培养下的英语阅读教学进行具体介绍。

第一节 英语阅读教学综述

一、英语阅读教学的意义

(一)可有效扩大学生的词汇量

在英语学习的过程中,学习单词是学生绕不过去的一个重要任务,而通过阅读来记忆单词可达到事半功倍的效果。通过阅读,学生可以巧妙利用材料中提供的具体语境,使学生在记忆单词的同时对该单词的使用方法、相关搭配、语用含义等有较深刻的理解。此外,随着阅读材料的不断积累,学生对单词的印象会随着多次的重复而不断得到强化。可见,阅读是学生快速积累词汇量的重要途径。

(二)能有效培养学生的语感

所谓语感,是指对语言的感觉,是对语言的表达方式进行快速理解与判断的能力。要想在短时间内判断语言表达是否规范、地道,就离不开语感。但是,要想获得语感,就必须与语言进行长期、大量的接触并进行持久的思维训练。阅读可以使学生在不知不觉中体会不同表达方式的感情色彩,感受不同修辞手法的实际效果。此外,学生在阅读过程中不仅提升了语感,学生所感受到的压力也几乎为零,这可以有效调动学生参与阅读的积极性和主动性,并为持久的英语学习奠定基础。

(三)可帮助学生培养自主学习能力

在大学阶段,很多学生依然沿袭高中阶段被动学习的习惯,这对大学生的个人成长和发展极为不利。长时间消极、被动的学习,使很多学生无法在未来激烈的社会挑战中学习新知识、技术,接受新挑战。而大学英语阅读教学通过系统化的训练,能够对学生加以引领,使学生积极主动地投入并参与到学习中去,变被动的学习为主动的学习,最终成为学习的主人。此外,由于大学生阅读课时的有限性,仅仅依靠英语教师在课程上的讲授是远远不够的,学生要想真正地使其阅读能力得到有效的提升,还需要以课上老师所讲解的跨文化知识为基础,在课后加强自学,在课后及时地对所学内容进行温习和扩展。

(四)有利于培养学生的英语综合能力

英语阅读教学对培养学生的英语综合能力也发挥着重要作用,即能够提高学生的听、说、写的能力。下面进行具体分析。

(1)对于听力来说,听是通过耳朵来获取信息的过程,是一种在短时间内完成的思维活动,阅读可以通过语感的培养来为这种思维活动打下扎实的基础;阅读能为听力进行文化背景知识的储备,提高听力理解过程中的归纳、总结、分析、推理等能力。

(2)对于口语来说,说是通过语音、语调来表达信息的活动,是一种输出信息的方式,在这一过程中,规范的语音、语调对于说的质量有决定性的影响。规范的语音、语调必须依靠大量练习才能获得,朗读训练是阅读活动的重要组成部分,有利于学生在潜移默化中学会连读、失爆、弱化等语音技巧,从而养成良好的语音语调习惯,提升说的能力。

(3)对于写作来说,写作是文字信息的输出,阅读是文字信息的输入,这两种能力相辅相成、互相促进。通过阅读英语文章,学生可体会作者在安排写作素材时的技巧,可从遣词造句、布局谋篇等层次来感受作者的写作手法,并从整体上理解一篇好文章是如何写出来的。从这个角度来看,阅读本身就是学习写作的过程,阅读能力的提升必然带来写作能力的提升。

二、英语阅读教学的目标与内容

(一)英语阅读教学的目标

根据国家教育部制定的《英语课程标准》,现代英语阅读教学的目标有

第七章　自主学习能力培养下的英语阅读教学法改革

如下具体明确的规定。

二级目标：

(1)能认读所学词语。

(2)能根据英语的发音规则拼读简单的单词。

(3)能读懂教材中简短的要求、指令。

(4)能看懂贺卡等所表达的简单信息。

(5)能借助图片读懂简单的故事、短文，并能分辨意群，按意群阅读。

(6)能正确朗读所学故事或短文。

五级目标：

(1)能理解段落中各句子之间的逻辑关系。

(2)能正确判断故事的主题、理解故事的主要情节、预判故事的发展和结局。

(3)能读懂常见体裁的阅读材料。

(4)能根据不同的阅读目的运用简单的阅读策略获取信息。

(5)能有效利用词典等工具书辅助阅读理解。

(6)除教材外，课外阅读量应累计达到15万词以上。

八级目标：

(1)能理解阅读材料中不同的观点和态度。

(2)能识别不同文体的特征。

(3)能通过对句子结构的分析理解长句、难句。

(4)能在教师的帮助下欣赏浅显的文学作品。

(5)能根据学习的需要从网络上获得信息，并能进行一定的加工处理。

(6)除教材外，课外阅读量应累计达到36万词以上。

《大学英语课程教学要求》针对阅读目标划分了一般要求、较高要求和更高要求三个层次，具体内容如下。

一般要求：

(1)能基本读懂一般性题材的英文文章，阅读速度达到每分钟70词。

(2)在快速阅读篇幅较长、难度略低的材料时，阅读速度达到每分钟100词。

(3)能就阅读材料进行略读和寻读。

(4)能借助词典阅读本专业的英语教材和题材熟悉的英文报刊文章，掌握中心大意，理解主要事实和有关细节。

(5)能读懂工作、生活中常见的应用文体的材料。

(6)能在阅读中使用有效的阅读方法。

较高要求：

(1)能基本读懂英语国家大众性报纸杂志上一般性题材的文章，阅读速度为每分钟70～90词。

(2)在快速阅读篇幅较长、难度适中的材料时,阅读速度达到每分钟120词。

(3)能阅读所学专业的综述性文献,并能正确理解中心大意,抓住主要事实和有关细节。

更高要求:

(1)能读懂有一定难度的文章,理解其主旨大意及细节。

(2)能阅读国外英语报纸杂志上的文章。

(3)能比较顺利地阅读所学专业的英语文献和资料。

在具体的教学过程中,教师应参照相应的教学目标,把握教学宗旨,调整教学内容,并在此基础上进行一定的拓展和延伸。

(二)英语阅读教学的内容

大学英语阅读教学的主要内容包括以下几个方面。[1]

(1)能够辨认单词。

(2)能对文章的主要信息进行总结概括。

(3)对语篇的指示词语进行辨认。

(4)具备跳读技巧。

(5)能够猜测陌生词语、短语的含义。

(6)能够理解句子内部与句子之间的关系。

(7)具备基本的推理技巧。

(8)对句子及言语的交际意义进行理解。

(9)对文章的主要信息或观点能进行准确梳理与把握。

(10)能够把握细节与主题。

(11)能对文中的信息进行图表化理解与处理。

(12)能够理解衔接词进而理解文章各部分之间的意义关系。

三、英语阅读教学的原则

(一)兴趣性原则

兴趣可以激发个人了解或学习某种事物的内在动机,从而将个人的主动性和积极性充分调动起来。在阅读教学中,学生如果自身对阅读感兴趣,那么无论是在课上还是在课下,学生都会集中注意力,积极主动投入

---

[1] 何少庆.英语教学策略理论与实践运用[M].杭州:浙江大学出版社,2010:120.

第七章　自主学习能力培养下的英语阅读教学法改革

教学活动和自主学习中。因此,对英语教师来说,要想使阅读教学真正取得成效,首先要善于激发学生的兴趣,具体来说,要采取丰富多样的手段,对教学内容进行适当变化,此外要有效避免教学活动中的枯燥情绪,以免使学生感觉教学呆板无味。总之,教师要让学生在兴趣的带领下积极参与到教学中。

(二)真实性原则

真实性原则是阅读教学应当遵循的重要原则,具体来说可从以下两个方面入手。

(1)注重阅读目的的真实性。教师应深刻认识阅读教学的目的,并据此来对阅读练习进行多样、丰富的设计,选择合适的教学方法。通常而言,学生的英语阅读目的也是多种多样的,有的是为了对自身的语言知识进行获取和验证,有的是为了消遣,有的是为了批判作者的思想,因此教师应依据目的的不同来采用相应的教学方法和练习安排。

(2)注重阅读材料的真实性。为了更好地激发学生的阅读兴趣,教师应选择学生喜闻乐见的或与学生的日常生活紧密相关的阅读材料。此外,教师应重视阅读材料中的语言使用情况,应使其与学生的实际语言水平相适应。同时,为了对学生的阅读技能进行专项训练,教师还可以选择不同体裁与题材的阅读材料,从而提高学生的综合阅读能力。

(三)层层设问原则

提问是课堂教学的有效环节,但提问也应讲究一定的原则和策略,不能盲目发问,否则就会影响提问的初衷。层层设问原则要求教师提出的问题必须具有一定的层次性,即问题应由易到难、由浅入深,使学生通过回答简单的问题获得自信,在回答较难的问题时更愿意开动脑筋、积极思考,挑战自我,获得成功。如此一来,学生便可在教师的引导下逐步提高阅读理解的能力。例如,学生在阅读 *Thomas Edison* 一文时,教师可有层次地提出以下问题。

(1) Who was Thomas Edison?

(2) When Thomas Edison was five years old, he once sat on some eggs, didn't he? Why?

(3) Why did Edison's teacher send him away from school?

(4) How do you think about Thomas Edison? Why?

(5) What can we learn from Thomas Edison?

(四)因材施教原则

在教学过程中遵循因材施教原则,就是指教师要根据学生的个体差异,采用不同的教学方式和方法,力争使每个学生都能相应地发展阅读技能。例如,有些学生基础较好,有着浓厚的学习兴趣,基本的阅读根本不能满足他们的阅读欲望,针对这样的学生,为满足其阅读的欲望,教师可布置一些具有挑战性的阅读任务,或向其推荐一些名著等。而有的学生阅读基础较差,由于自己较差的成绩而失去信心,自暴自弃,对于这样的学生,教师应在教学过程中不断鼓励和表扬他们,以使他们重新建立信心,同时给他们布置一些难度较小的阅读任务,然后逐步增加难度,使他们不断进步。总之,教师要关注每位学生的特点,并根据学生的特点采用不同的教学方法和手段,以显著提高教学效果。

(五)培养语篇结构意识原则

在大学英语阅读教学中,教师要注意给学生讲授不同文体的不同组织形式,也就是文体的结构与语篇的组织形式。不同的文章,其结构形式存在很大的差异。以说明文为例,学生首先要认识到说明文用以解说事物、阐明事理,通过解释概念来对事物的特征、本质以及规律性进行说明,给人提供各类科学知识。对说明文的概念特征了解之后,在阅读中就要对事物的解说、事理的阐明给予特别的关注,从许多重要的概念中形成被说明事物的总体印象,接着再利用次要的概念对这一印象进行补充,使事物在脑海中的形象更为具体和丰富。这样就是从语篇角度出发,强调段落结构,从整体上对文章进行把握便于获取总体信息。

(六)综合性原则

阅读方式大致分为三种:精读、泛读和快读。其中,精读是高质量的阅读,注重阅读的准确性。精读能够帮助学生巩固和拓展词汇、语法以及语篇知识,提高分析性阅读的能力;泛读比较注重阅读的流利程度以及阅读量,它能够培养学生的语感,使学生更接近真实的英语语言材料;快读比较重视阅读的速度,对阅读技巧的要求更高,否则将无法满足速度要求。总的来说,精读、泛读和快读三者之间是相互联系、相互配合的。精读是泛读的基础,泛读是快读的基础,快读能够使精读更深刻,使泛读更广泛,三者相辅相成、缺一不可。

就目前英语阅读教学而言,普遍存在重精读、慢读,轻泛读和快读的问题。这种现象一方面导致学生阅读量不足、阅读速度慢、阅读质量差,另一方面语言输入不足还直接影响了学生阅读能力提高的进度,并最终影响学生总体语言水平的提高。对此,英语阅读课堂教学应坚持综合性原则,将精读、泛读、快读结合起来,不仅要重视精读教学,还应注意培养学生的泛读和快读能力,做到"精、泛、快"三者相结合,全面提升学生的阅读水平。

四、英语阅读教学的现状

(一)教学观念不当

阅读教学的目的在于提高学生从英语语篇材料中获取有用信息的能力,而纵观当前国内众高校的英语阅读教学现状我们发现,将阅读教学混同于词汇教学或语法教学是现在最为普遍的一种错误的教学现象。阅读教学中,教师常常过分重视语言知识的传授,抓住一个单词、语法点大讲特讲,阅读教学呈现出"讲解生词—逐句逐段分析—对答案"的错误形式,而忽视了与语篇的关注和对学生阅读能力的培养。这种错误的教学方式产生的根本原因就是对阅读教学的认识不清,最后导致阅读教学成为语法、词汇教学,学生阅读速度慢、质量差的情况并未得到改善。对此,英语阅读教学必须更正教学观念,将阅读作为一种实用的语言技能进行教授,传授学生语篇、语言、文化等知识,提高学生的思考能力、分析能力、判断能力,拓展学生的视野,激发学生对阅读、英语乃至英语文化的兴趣,提高英语综合运用能力和人文素养。

(二)教学方法不当

我国英语阅读教学中,很多教师都是在课堂上不停地讲解,对生词、语法、段落进行逐一的分析。学生只能在下面拼命地记笔记,被动地模仿、记忆和进行古板的、孤立的、教条式的句型操练和单句翻译。这种教学方法的应试性很高,学生的主体地位得不到突出,无法激发出学生的学习兴趣,阅读习惯、阅读技巧等均得不到培养,学生很难积极主动地参与到课堂教学活动中来,不少学生听课时心不在焉甚至打瞌睡,费时低效现象严重。

另外,在英语阅读教学中教师还对所有语言点不分主次、平均用力,这大大忽略了学生的略读、寻读、猜测词义等阅读技能的训练以及从语篇中获取信息能力的培养。这种方法将完整流畅的语言肢解为片断的教学,忽视了学生从整体上理解语篇意义能力的培养。

(三)教材设计不合理

教材是教学活动的工具,但是目前的大多数英语阅读教材存在设计不合理的问题,主要表现在以下几个方面。

(1)阅读材料要么简单,要么缺乏挑战性。

(2)语法结构晦涩难懂,脱离真实情景。

(3)题型设置上过于单一,侧重识别类题目。

(4)体裁少,覆盖面狭隘。

(5)文化与科学的材料含量很低。

上述这种教材设置大大削弱了学生的学习兴趣,而且也严重忽视了学生的知识和能力与教材相结合的重要性。另外,教师对于新教材的利用率也很低,新教材的时代性很强,但是教师并没有充分发挥出这一优点,忽视利用新教材对相关背景知识的讲解,导致教学内容很难满足学生的自身需要。

(四)学生阅读习惯不佳

高质量的阅读离不开良好的阅读习惯,而不良的阅读习惯对阅读理解会产生不容忽视的阻碍作用。下面是一些常见的不良阅读习惯。

(1)阅读视野狭小,不以句子为单位,习惯一个词或几个词地阅读。

(2)不能按照文章的顺序进行阅读,时常发生跳读;换行时,不能迅速定焦看清文字。

(3)边读边将所读内容在心里翻译成汉语,然后再继续阅读后面的内容。

(4)有的学生喜欢在心里默读或者唇读;有的学生喜欢用笔或手指着阅读;还有的学生喜欢不断回头重复阅读。

这些不良的阅读习惯不仅影响了阅读的速度,更影响着思维的连贯性以及理解能力。因此,教师应指出并帮助学生克服自身的毛病,培养正确的阅读习惯,以帮助他们提高阅读的效率。

(五)学生缺乏背景知识

我国学生普遍缺乏英语文化背景知识,对英语国家的历史、地理、文化等不了解,从而制约了英语阅读教学的顺利开展。

例如,同一种动物在英汉两种文化中可能具有不同的含义。"龙"在中国具有悠久的历史,它既可以呼风唤雨,也可以主宰自然。此外,"龙"还是皇帝的化身,皇帝被称为"真龙天子",其后代则是"龙子龙孙"。总之,汉语中的"龙"具有至尊至上的感情色彩,蕴含着"权威、力量、才华、吉祥"等褒扬的语义。但是,这样一种吉祥的动物在英语中却是一种长有翅膀,有爪子的,喷火的类似鳄鱼或蛇的怪物,是邪恶的象征。如果不了解 dragon 在英语中的含义,学生在遇到这方面的文化差异时就会不知所措。

可见,丰富的英语文化背景知识能促进学生英语阅读能力的提高;反之,背景知识的缺乏则会造成阅读理解的误解或困难。所以,教师应引导学生进行广泛阅读,多了解英语国家的背景知识,这样才能提高阅读速度,保证阅读理解的准确性。

第二节 英语阅读教学法改革

一、文化导入法

在阅读教学中,文化导入法是一种行之有效的方法,顾名思义文化导入就是直接在英语阅读教学中向学生传授文化知识。

(一)文化导入的原则

1. 关联性原则

在阅读教学中导入文化时,首先要遵循关联性原则。教师在英语阅读教学的过程中导入文化知识时,要重点导入那些与材料主题、文章作者、写作背景等相关的文化背景知识。因为这些信息直接影响着学生对语篇的理解,导入这些知识后能帮助学生准确、深刻地理解所读材料。

值得说明的是,遵循关联性原则并不意味大肆地介绍背景知识,而是要在不影响材料本身讲授的基础上导入一定比例的文化背景知识,切不可喧宾夺主。在此前提下,进一步保证所导入的文化背景知识的相关性、基础性和必要性。

2. 多样化原则

英语阅读教学导入文化知识还应遵循多样化原则,具体应做到以下两个方面。

其一,导入内容的多样性。教师所选用的阅读材料应是题材多样的,以满足学生多样化的需求,同时使学生了解不同体裁文章的不同行文特点。另外,教师所选用的阅读材料不能局限于一类主题,而应经常变换题材,增加学生阅读的新鲜感,促使学生积极地学习各种文化知识。

其二,导入形式的多样化。教师要根据教师和学生的实际情况,运用比较、融入、注释、体验等多种方式讲授文化知识。此外,教师能够运用现代化的教学设备,通过图片、视频、音频等材料来对某一个文化现象进行解释和说明,使学生在真实的环境中掌握语言知识、拓宽学习视野。

(二)文化导入的方法

1. 介绍文化差异,激发学生阅读兴趣

兴趣是促使学生积极学习的直接内动力。因此,教师可采用适当的方式方法来激发学生的阅读兴趣和热情,调动学生的积极性,使学生获得文化知识,提高阅读水平。其中,在阅读教学中,介绍英汉文化差异就是一种调动和培养学生学习兴趣的有效方法。

需要注意的是,教师在向学生介绍文化知识、比较英汉文化差异时,不应仅局限于课本所提供的材料内容,而应突出课本内容,向学生讲解更多的与课本材料相关的文化知识,使讲解生动活泼,最大限度地激发学生的学习兴趣,使学生在轻松愉悦的氛围中习得语言知识。

2. 采取有效途径培养学生的文化意识

在英语学习过程中,学生虽然已经具备了一定的词汇知识,也拥有了一定的阅读能力,但是对于一些阅读材料理解起来仍然很吃力,其中主要的原因是缺乏文化知识。虽然教师在教学中也灌输一些文化知识,但学生对此不重视,认为文化知识的学习并不是阅读学习的重点。

为了切实提高学生的英语阅读水平,教师有必要培养学生的文化意识。具体来讲,教师除了在课堂上向学生传授一定的文化知识外,在课下还可以向学生推荐一些英美文学作品。阅读英美文学作品一方面可以帮助学生了解西方文化,接触到支撑表层文化的深层文化;另一方面可以使学生接触到不同的结构或语言知识,提高语言技巧。并且,文学作品通常语言形象生动,不乏优美精练的句子,是学生学习和模仿的最好语言材料,学生在阅读的过程中可以仔细揣摩作品中的选词造句。这不仅培养学生阅读的习惯,还能陶冶学生的情操,使学生了解不同文化风格;既有利于提高学生的阅读能力,还可以为写作奠定基础。

二、提问法

关于提问我们在上面介绍阅读教学原则时已有提及,事实上,提问法是阅读教学中非常常用的,且是一种有效的方法。提问法是指将整体教学方法细化到段落和章节中,并针对不同的阅读材料和教学目标进行不同形式的提问。上面介绍了提问需要讲究一定的策略,这里主要介绍下提问的类型与形式。

(一)提问的类型

针对学生需掌握的信息而言,提问具体包含以下五种类型。

(1)表层理解,也就是问题的答案可以在课文中找到。

(2)深层理解,要求学生根据文章提供的信息以另一种形式组织或解释。

(3)推理性理解,要求学生对文章中隐含的意思进行阅读和思考,并做出准确推理。

(4)评价性理解,要求学生认真分析阅读材料中所给出的信息,并做出正确的判断。

(5)个人理解,这源于学生对课文内容的理解和反应。

当然,上述问题都可能都会同时涉及,教师可依据具体情况选用不同的提问形式。

(二)提问的形式

问题的提出根据不同的情况也有不同的提出方式。以下是针对不同问题而可采用的不同提问形式。

(1)关于主旨的提问,常见的形式包括:This article is mainly about…; The main idea of this text may be…; The authors purpose in writing this text…

(2)关于作者观点的提问,常见的形式包括:The author gives his opinion that…; The authors attitude toward this topic is…; The author believes that…

(3)关于细节信息的提问,常见的形式有以 who, why, what, where, when, how 开头的提问; Choose the right order of the events given in the passage; According to the passage which of the following is not a statement? 等。

(4)关于信息归类的提问,常见的形式包括:The conclusion of the text is…;We can summarize the main idea that…

(5)关于推断的提问,常见的形式包括:The author suggests that…;The author implies that…;It can be inferred from the text that…

当学生对提问的类型和形式有一定的了解之后,必然会提高阅读的速度和准确度,那么其阅读能力也会随之提高。

三、探究教学法

探究教学法是由教师和学生共同探究而完成的教学活动,具体来说,学生在教师的引导下主动参与,发现问题并寻找答案,完成教学任务的同时培养学生解决问题的能力。具体来说,探究教学法在英语教学中的实施步骤有以下几个。

(一)引入

第一步是引入工作,即教师在课堂上首先应做好相关的引导工作。明确探究主体以及学生的学习需求,并将学生引入探究学习的学习氛围中,在教学的一开始就使学生感受到阅读教学和学习的乐趣。

(二)探究

探究环节是学生进行探究学习的重点环节。在这一环节,教师可以将学生分为若干小组,让各个小组的成员自行地选择相应的探究任务。

例如,可让组内的其中一员负责理解整个语篇的大致含义;其中一员负责对文章段落进行划分,并找出中心句和一些关键词;其中的一员负责收集同文章主题相关的信息等。如果有需要,教师可以进行更具体的任务分配。此外,学生在探究过程中不可避免地会遇到一些问题,教师最好不要袖手旁观,而要给予适当的引导和帮助。各组员的任务都可分为不同的阶段,在探究阶段的最后,需要注意整合结果,更好地完成探究任务。

(三)解释

解释具体是指对探究的主题所进行的解释。通过研究学习活动,教师可以对学生的表现和在具体活动中所遇到的问题进行分析和总结。

具体而言,在进行解释的过程中,首先教师要解释主题,并对各组的表现进行点评。其次,教师可以对阅读进行讲解,这与传统化教学中的讲解基本相似。所讲解的内容也是学生需要探究的内容。最后,教师要引导学生对自己在整个活动中的具体表现进行回顾。

(四)阐述

详细阐述环节所阐述的内容一般要结合具体的情况做相应调整。例如,可以对探究式学习的目的进行阐述,或者也可以向学生扩展一些广泛的知识。这一环节一般需要教师和学生双方的协商之后再开展。

(五)评价

评价环节是最后环节,是对整个探究学习活动的最后总结。

在这一环节,教师与学生都需要对探究活动进行自我评价并进行相应的反思。这一环节会涉及对学生优点的肯定、缺点的明确和反思,师生间也可以基于一些需要探讨的话题进行交流与讨论,确保学生能够在探究学习中真正学有所获。

第三节 提升英语阅读自主学习能力的策略

一、掌握各种阅读技巧

(一)阅读前策略

阅读前活动主要包括引出主题、提出问题、交代任务等,其目的在于使学生在短时间内了解所要阅读材料相关的信息,激活有关话题的背景知识,调动学生的阅读兴趣,使学生尽快进入文章角色,为阅读的进一步进行打好基础。

1. 清除词汇障碍

就学生的阅读来讲,词汇无疑是造成其阅读困难的最重要因素了,所以学生在阅读正式开始前要通过各种方法清除词汇障碍。

2. 语法以旧引新

在学习的过程中,我们经常会发现一个语法同时出现在几个单元当中,因此学生在阅读时可以有意识地复习之前重复出现的语法,以增强记忆。此外,在学习新的语法知识时,学生要注意回头温习旧的语法知识,并通过复习旧的语法知识引出新的语法知识,以实现语法知识的再现和滚动。

3. 预测课文情节

预测是指阅读者根据已知信息对后面的内容进行大致的推测。预测可以说是阅读活动开始的第一步。人们在拿到一篇阅读材料之后总是自觉或不自觉地进行或多或少的预测,但这种预测也受读者兴趣的影响。如果阅读材料的主题是阅读者喜欢的或有兴趣的,读者就可能做出更多的预测,更渴望阅读文章,也就更容易理解文章。阅读材料时,读者往往会根据文章的标题、图表、事例和具体细节等来预测文章。预测的过程为:激活头脑中的相关图式—预测文章内容—阅读文章—思考和整理材料的含义—验证或修改之前的预测。

在此过程中,读者做出的预测不一定都正确。如果预测正确,读者通常可以快速地阅读下文;若预测不正确,读者就需要调整或修正自己的思路,并对下文内容格外留意。然而,无论预测正确与否,它都能帮助读者的思维更加靠近文章主题。因此,学生应当学会如何进行预测。

(二)阅读中策略

1. 略读

略读是一种以尽可能快的速度粗读全文,并获取文章主题大意的阅读方式。略读对阅读的速度要求较高,通常是一般阅读速度的两倍,但对阅读的精确度要求则降低,主要理解全文的50%即可。日常生活中浏览杂志报纸时就是用的这种方法。略读属于选择性阅读,它并不要求逐词逐句地阅读,而只需要选读每段的首、尾句,有时只要指出段落的主题句,把握重点事实和细节即可,而其他细节或例子则可不用认真阅读。

略读是需要技巧的,具体包含以下几种。

(1)重点阅读文章的首尾段以及段落中的段首和段尾。文章是由段落组成的,段落是由句子构成的,然而并不是东拼西凑的,而是有一定的章法。往往许多文章的第一段是对全文主要内容的概述,而最后一段作结论。段落的首句也往往是主题句,而末句常常是结论句。

(2)注意文章的题目、小标题、黑字体、斜字体以及画线部分。文章的题目常常是文章内容的宗旨,利用标题常能帮助我们预测文章的主旨大意。小标题是各部分内容的概括和浓缩,而黑体字、斜体字和画线部分则是提醒学生这一部分是很重要的信息。

(3)留意关键词语。关键词可以反映在特定的场景下谈论什么话题，而且大多同文章的主题有关，利用关键词可以推测文章的主题。

(4)重视关联词语。英语中常见的表示逻辑关系的关联词语可以有效帮助学生预测上下文的关系，预测和判断作者的观点和思路。

2. 猜测词义

猜测生词含义不仅是保证阅读顺利进行的有效策略，也是扩大词汇量的有效方法。具体可通过以下方法来猜测词义。

(1)根据定义猜测词义。为了便于读者理解，很多作者都会对文章中论文的概念做进一步的解释和说明，而且常会使用一些标志性短语，如which means，in other words，namely，refer to 等，据此就可以猜测词义。

(2)利用同义词和反义词猜测词义。在介绍或说明某个概念时，文章作者常会采用与其相同或相反的词来重复说明，根据这些同义词和反义词就可以猜测词义。

(3)利用构词法猜测词义。在缺乏上下文的情况下，有时构词法方面的知识可以提供推测词义的有效线索。

(4)利用上下文关系猜测词义。有时可以根据上下文的逻辑关系猜测词义。

3. 跳读

跳读是以题目为依托，根据题目提供的线索返回原文寻找答案的一种阅读策略。面对文章后的选择题，当时间紧迫又对答案拿捏不准时，采取跳读技巧有利于对所需信息进行准确定位，这不仅可以全面提升对信息进行加工、处理的能力，还可以提高比较与筛选的能力。

具体来说，跳读的具体步骤如下所述。

(1)通过对题干、选项的阅读，不仅要确定所需信息的类型，还应确定这些信息的文字呈现方式。例如，所需信息与时间有关，应对数字、日期等予以关注；所需信息与地点有关，应对地名予以关注。

(2)根据题干在文章中寻找相关信息的位置。在这一过程中，对其他不相关的信息予以忽略。

(3)在文章中确定所需信息的位置。

(4)仔细阅读找到的句子以及该句子的前后句，从而准确把握其语义、逻辑关系。在阅读过程中，应标记遇到的时间、地点、人物、起因、经过、结果等信息，以方便查阅。

(5)比较选项，并确定与原文信息含义最贴近的选项。

4. 寻找主题句

文章的主题句常常能反应作者的基本思路和文章的中心思想,所以想要理解文章,寻找主题句是关键。学生在学习过程中要注意总结文章中主题句常见的位置以及不同位置主题句的特点。主题句的位置通常比较灵活,多见于以下几种位置。

(1)位于段首。作者在写文章时通常会先引出一个话题,然后针对这一话题进行详细的阐述,所以主题句设置在段首的可能性最大。主题句置于段首不仅清晰醒目,也易于被读者把握。

(2)位于段尾。主题句有时位于段尾,不同于位于段首的主题句,位于段尾的主题句多是对上文的总结,或是对上文描述提出的建议。

(3)同时位于段首和段尾。主题句有时候会同时出现在文章的段首与段尾,这种情况在文章中出现得也比较多。也就是说,文章主旨在段首和段尾可以同时概括出来,但段尾的主题句并不是段首主题句的重复,多是对文章主题的引申。此外,段首和段尾的主题句在用词和句型结构方面存在一定的差别。

(4)位于段落中间。有时候主题句会位于段落的中间,此时主题句之前的段落是主题句的铺垫,目的是引出要叙述的主题,而主题句之后的段落则是对这一主题的进一步阐述。

(5)暗含于段落之间。并不是所有的段落都有主题句,在有些文章中,无论是段首、段中还是段尾,都找不到明显的主题句,尤其是在多段文章中,这类文章的主题句大都融入到了段落当中。阅读这样的文章时,读者需要抓住文章的细节,在头脑中形成初步的印象,进而发挥逻辑概括能力,对文章的主旨大意进行概括总结。

5. 推理判断

很多信息并不能从文章字面意思上看出,此时就需要推理判断。推理判断对学生的要求较高,它要求学生要以理解全文为基础,从文章提供的各个信息出发,对文章逐层进行分析,最后准确推断出文章的中心思想。推理判断包括直接推理判断和间接推理判断。

(1)直接推理判断。直接推理判断是一种常用的阅读策略,该策略要求学生不仅要理解原文的表层意思,还要依据所提供的信息合理的推断文章的结论。一般直接推理判断题中常会含有 infer, imply, suggest, conclude 等词。例如:

In some cultures, the act of touching another person is considered very in-

第七章　自主学习能力培养下的英语阅读教学法改革

timate and is therefore reserved for people who know each other very well. In the United States, for example, young children are taught that it is rude to stand too close to people. By the time they are adults, Americans have learned to feel most comfortable when standing at about arm's length away from people to whom they are talking. And many Americans do not touch each other with great frequency while talking (this is particularly tree of men). In contrast, other cultures have more relaxed roles regarding touching. For example, it is usual for friends—both men and women—to embrace each other when they meet in some countries. When they talk, they generally stand closer than Americans do, and they touch each other more often. They are as much at ease doing this as Americans are with more space between them.

(　)According to this passage, different cultural backgrounds ＿＿＿.

A. have little to do with human behaviors

B. influence human interactions

C. show that one people is superior to another

D. have produced the same human behavior

经阅读可以发现,根据文章的字面意思我们很难找到想要的信息,此时只能根据文章的细节信息来推断文章大意。上述文章分了两个部分来说明了身处不同文化背景下的人们互相接触的距离和频率,首先介绍了美国人对这一行为的看法和反应,然后说明了其他文化背景下的人们对这一行为的看法。通过比较即可获得正确答案,正确答案为B。

(2)含蓄推理判断。含蓄推理判断是一种含蓄、间接且较为复杂的推理方式。这种推理方式通常要求学生挖掘文章的深层内涵去推测和揣摩作者的态度以及文章的主题等。这种题型中一般没有 infer, conclude 等明显表示推理的词,因此需要仔细观察、判断。含蓄推理判断主要涉及以下几种情况。

其一,推断文章的来源。这类题型对学生的要求较高,它要求学生具有一定的文体知识,能够推断文章采用何种体裁,出自何处。

常见的问法有以下几种。

Where would this passage most probably appear?

This passage is most likely a part of…

The passage may be assigned reading for a course in…

The passage may be taken from a longer article on…

The passage can best be described as…

其二,推断文章的写作目的。作者在写每一篇文章时通会表达不同且明确的目的。例如,写议论文是通过自己主观上的议论,以说服读者使其有所"信";写说明文则是通过客观地介绍某种事物、方法和观点等,以使读者有所"知"。可见,明白了文章的写作目的,对于文章的理解和文章主旨的把握十分有利。

常见的问法有以下几种。

The passage is intended to…

The author implies that…

What is the purpose of this passage?

The main purpose of this passage is…

This passage mainly tells us…

The author writes this passage to…

Which of the following statements is implied but not stated in the passage?

Which of the following may best describe the purpose of this passage?

其三,推断作者的态度。作者在写作过程中,不可避免地会流露出对人或事物的观点和态度。如果能准确把握作者的态度和观点,对文章的整体以及深层含义的理解有着重要的意义。需要注意的是,在推理判断过程中切勿掺杂自己的想法和观点,否则可能会与作者的观点南辕北辙。在推断的过程中可以巧妙利用背景知识、描写环境气氛的语言以及表达态度、感情、观点等的词语。

常见的问法有以下几种。

What is the writer's attitude towards…?

How does the writer feel about…?

The writer is of the opinion that …

The tone of the passage can best be described as…

(三)阅读后策略

阅读后阶段是对所学知识的巩固和运用的阶段,目的在于练习、巩固和拓展学生所学知识,并为培养和提高其说和写的能力做好基础。阅读后活动具体包含以下几种。

(1)填空。填空是阅读后阶段的常见活动。通常来说,由教师写出文章的概要,并为学生留出一些空白供他们填写。学生在填写时应尽量使用不同于原文的词或短语。

(2)复述。复述是学生根据图片或关键字等复述阅读材料的大致内容。

复述是一种具有挑战性的口语练习,也是阅读后阶段常见的一种活动。

(3)转述。转述主要是针对对话性语篇而言的,即学生采用第三人称转述所学的内容。

(4)写作。这里的写作指的是阅读材料的续写和仿写。学生可根据课文内容写作文章的摘要,也可以直接续写文章,以培养发散思维,扩大学生想象力。

二、采取各种有效策略

除了要掌握阅读的各种技巧,学生在阅读过程中还可以采取各种有效策略,如元认知策略、认知策略和社交/情感策略。

(一)元认知策略

元认知策略是指学生安排、监控、调节和评价阅读学习任务,以提高阅读学习效率的方法。具体来说,元认知策略主要涉及以下几种阅读活动。

1. 确定阅读的目的

当代外语教学的理论认为,阅读主要有:获取信息、学习语言知识、掌握阅读技能。但是,这些目的并不是最终的目的,阅读的最终目的是培养独立的阅读者。独立的阅读者应该具备以下技能。

(1)能快速阅读。
(2)能把握文章中心和大意。
(3)能找出文章的逻辑线索。
(4)能根据上下文猜测词义。
(5)能独立使用工具书。
(6)能根据已有知识推断作者的意图。
(7)能阅读不同体裁的文章和实用文体。

2. 选择阅读材料

学生除了阅读教材之外,还应该尝试原文材料的阅读。当然,在这些原文材料的选择上,也应该考虑选择难易程度适中、主题熟悉、自己感兴趣的材料。

3. 制订阅读计划

制订阅读计划是指阅读任务的性质、阅读的方法、步骤以及预计阅读的结果。具体来说,在制订阅读计划时可以采用以下策略。
(1)预测文章的主旨。
(2)激活已有的知识。
(3)自我管理。

通过这些策略的运用,不仅能更好地理解文章,也有助于达到阅读学习的目标,为下一步的阅读做准备。

4. 监控阅读过程

阅读中的监控是指阅读者依据一定的标准对阅读中的进程以及阅读后的效果进行及时的评价,如果发现过程中存在不足,及时进行修正和调整。

阅读中的监控策略主要有以下三种。
(1)方向策略,主要是为了明确阅读的目标,确定阅读方式。
(2)进程策略,主要是要求阅读者一边阅读一边思考。
(3)策略监控,主要是运用自我提问的方式,检验自己的答案是否正确,从多种角度分析所遇到的问题,推理得出结果。

5. 评价阅读过程

在阅读活动即将结束时,学生需要按照阅读计划检查阅读效果,总结成功与不足之处。评价阅读过程主要包括纠正阅读过程中的错误和调整阅读思路,它既是阅读活动的末尾,又是调节阅读策略的新一轮阅读活动的开始。

在评价阅读过程后,若未达到预期的阅读目标,学生要注意对原因进行分析与总结,以便取得下次阅读的成功。

6. 做笔记

学生在阅读过程中做笔记,可以对阅读材料有更好的理解。学生在做阅读笔记时,需要明确阅读材料的写作目的,这有助于节省阅读时间。在做笔记时,学生还要明确材料中信息的组织方式主要是阅读材料中的信息的逻辑顺序。此外,学生做笔记要注意有选择性和系统性地记笔记,记录文章或段落的主要思想,过滤一些与阅读要求无关的信息。

(二)认知策略

阅读中的认知策略是指学习者处理阅读材料,或针对某一具体阅读任务所采取的具体阅读方法。

第七章 自主学习能力培养下的英语阅读教学法改革

恰当使用有效的阅读策略对文章的理解来说影响重大。常用的阅读认知策略包括预测、略读、寻读、寻找主题句、推理判断等。这些策略的具体使用在上文中已经有相关介绍,学生可以多加参考。

(三)社交/情感策略

阅读中的社交/情感策略是指学生通过外在的帮助或者自我的情感调整来完成阅读任务的方法。

心理状态作为情感因素的一部分,在阅读中对阅读效果有很明显的映像。其中,焦虑就是一种重要的情感变量,体现在阅读中就表现为阅读焦虑。如果不能有效地克服,将对学生的阅读产生负面影响。在阅读过程中,要想克服焦虑情绪、保持良好的心理状态,学生可以从以下几个方面入手。

1. 避免思想开小差

有的学生阅读时注意力不集中,思想经常开小差,对读过的内容视而不见,这必然会降低阅读的效果。

2. 避免急于求成

在阅读学习过程中,很多学生对自己要求过高,希望通过一两次阅读就掌握学到的全部阅读技能,掌握材料的全部信息。这种心态不仅会影响阅读时的心境,也会使视觉器官和大脑都无法集中在阅读上,其阅读效果也不好。

3. 避免过度重视阅读方法和技巧

虽然阅读技巧与方法的使用十分重要,但这应该是学生在阅读中自然而然发生的。如果学生将过多的时间、精力用于思考阅读的方法、技巧等因素,势必会影响对阅读材料及阅读过程本身的关注程度,即分散了阅读的注意力,难以获得较好的阅读效果。

本章我们介绍了阅读教学的重要意义,探讨了阅读教学应当遵循的基本原则,并分析了当前我国英语阅读教学的各种现状。在此基础上,提出了英语阅读教学的几种新方法,教师在教学过程中可以灵活加以运用。对学生来说,掌握各种阅读技巧和元认知、认知等策略对于有效阅读也是非常重要的,学生在课余时间应充分发挥主观能动性,积极进行阅读活动,提高自主学习能力。

第八章 自主学习能力培养下的英语写作教学法改革

写作是人们表达思想的重要方式,是一种高度复杂的思维过程,它是发展和培养学生思维与表达能力的有效途径。英语写作教学对推进我国教学改革具有重要意义,虽然越来越多的人意识到了其重要性,但由于各种原因,当前写作教学中仍存在很多需要改善的问题。此外,为了切实提高写作教学质量,除了教师需要转变教学观念、完善教学手段,学生也需要学会自主学习,努力提高自身写作水平。本章就对英语写作教学进行详细探究。

第一节 英语写作教学综述

一、英语写作教学的意义

(一)写作教学有其客观时代背景

在我国,英语写作是目前唯一现实可行的英语语言生成练习方式。语言生成方式只有说和写两种,但由于英语在中国是外语,因此在英语的实际应用中,说的机会相对来说比较少。不仅如此,在我国的英语教学中,也缺乏环境和条件进行大量的英语口语练习。而中国人同中国人之间练习英语口语很容易产生尴尬,这种尴尬必然会给说话者带来一定的心理负担,进而影响英语口语练习的有效性和趣味性。这样造成的结果是中国英语学习者一般会回避与汉语人士进行英语口语练习,却很乐意与英语人士进行英语会话。尽管如此,绝大多数中国英语学习者是没有这个条件的,因为在中国的英语人士毕竟有限。这样,写作就几乎成为我国学生唯一可行的英语语言生成练习方式。

此外,从我国在国际上的地位来看,为了获取在国际社会的话语权,用英文撰写文章、报道,并发表于国际性报纸杂志越来越显示出其重要性。

第八章 自主学习能力培养下的英语写作教学法改革

比较典型的现象就是近年来,国内大学排名的关键指标之一就是在《自然》《科学》等国际著名的英文学术期刊上发表的文章数量。

(二)写作本身有其经济便捷及实用性

对中国学生来说,写作是一种实用的语言技能,尤其是随着我国改革开放的深入,英语的应用范围越来越广泛,如用英语写信件、简历、电子邮件、报告等,英语写作能力将会成为越来越多的人所需要掌握的技能。此外,对于我国学生来说,英语写作练习经济方便,同时可以自主支配。作为一种最为方便和经济的英语活动方式,一支笔、一张纸就可以开始。而何时开始、何时停止、以什么方式和速度练习都可以按照本人的意志自由决定,不受其他力量的干预和限制。也正因如此,写作活动是英语学习者普遍接受和运用的主要学习方式之一。

(三)写作对我国学生能产生积极影响

1. 提高学生对学习的兴趣

书写美观、文章优美不但可以让别人得到美的感受,自己也能获得美的体验。所以,成功的写作教学不但不会使学生以写为苦,反而会让学生以写为乐。以写为乐,推而广之,就是以练习为乐,以学习为乐,因而整个英语学习兴趣也会得到提高。写,是我国学生英语家庭作业的重要形式,也是课堂练习测验、考试的重要形式,教师应该利用好这种形式,培养学生的学习兴趣。

2. 带动其他技能的学习

进行英语写作练习可以推动其他三项英语语言技能——听、说、读能力的提高。

首先,英语写作练习可以有效地提高学生的词汇和语法运用能力。写作所采用的媒介是书面语,而书面语的要求是表达清楚准确,结构优美正确。因此,进行写作训练有助于学生恰当地把握词汇的意义和用法,更严格地掌握语法规则和句子结构。而对词汇和语法的应用能力的提高,又必然会带动其他语言技能和综合语言运用能力的提高。

其次,学生通过写作练习,对英语句子结构、篇章结构的特点将会更加熟悉,对文章题目和内容联系的规律性的认识将会更加深刻,对上下文联系的规律性的认识也会更透彻。而对于主题句、关键词、指示词等,通过自己写作,反复锤炼,当然也会运用得更好,而这些对于提高学生的阅读能力都有很大的好处。

再次,写作从某种程度上来说是一种内心的编码过程,而这一过程与口语活动所必需的内心语言编码过程在本质上是相通的。因此,写作练习也必然有助于口语能力的提高。

二、英语写作教学的目标与内容

(一)英语写作教学的目标

在国家颁布的《英语课程标准》中,对英语写作教学提出了明确的目标要求,具体介绍如下。

(1)能模仿范例写出和回复简单的问候语和邀请卡。
(2)能使用简单的图表和海报等形式传达信息。
(3)能使用常见的连接词表示顺序和逻辑关系。
(4)能用文字及图表提供信息并进行简单描述。
(5)能用词组或简单句为自己创作的图片写出说明。
(6)能根据所给图示或表格写出简单的段落或操作说明。
(7)能根据要求为图片、实物等写出简短的标题或描述。
(8)能根据文字及图表提供的信息写短文或报告。
(9)能根据写作要求,收集、准备素材。
(10)能根据课文写摘要。
(11)能写出简短的文段,如简单的指令、规则。
(12)能写出连贯且结构完整的短文,叙述事情或表达观点和态度。
(13)能描述(简单的)人物事件,并表达自己的见解。
(14)能填写有关个人情况的表格,如申请表、求职表。
(15)能(做简单的)书面翻译。
(16)能独立起草短文、短信等,并在教师的指导下进行修改。
(17)能以小组为单位把课文改编成短剧。
(18)能(基本)正确地使用大小写字母和标点符号。
(19)能在写作中做到文体规范,语句通顺。

关于英语写作教学的目标,《大学英语课程教学要求》也有明确的说明,主要分为以下三个要求。

一般要求:
(1)能掌握基本的写作技能。
(2)能写常见的应用文。

(3)能描述个人经历、观感、情感和发生的事件等。

(4)能在30分钟内完成不少于120词的一般性话题的短文,且中心明确,结构完整。

较高要求:

(1)能就一般性主题表达自己的观点。

(2)能描述各种图表。

(3)能写所学专业的概要。

(4)能写所学专业的英语小论文。

(5)能在30分钟内完成不少于160词的短文,且内容充实,条理清晰,语句简洁流畅。

更高要求:

(1)能以书面形式比较自如地表达个人的观点。

(2)能用英语撰写所学专业的简短的报告和论文。

(3)能在30分钟内完成不少于200词的各类作文,且逻辑性强,观点明确。

(二)英语写作教学的内容

大体来说,英语写作教学的内容主要有以下四个部分。

1. 写作的结构

首先,必须保证文章的完整统一,所谓完整统一是指文章的所有细节都必须为主题服务,如事实、例子、原因等细节都必须围绕主题展开,所有的细节都是与主题相关的,与内容切题的。与主题不相关的句子都必须删除,同时要确保文章段落的完整性。为了增强学生写作中对完整统一的意识,教师在训练时可采用各类专项练习的方式。

其次,文章的谋篇布局也是非常重要的,在正式写作之前,要根据不同的主题和题材谋篇布局,并根据写作目的选择适当的扩展模式。结构是写作的基础。从篇章结构上来讲,结构应当是引段—支撑段—结论段,而从段落的结构来讲则是主题句—扩展句—结论句。需要注意的是,写作的谋篇布局并不是一成不变的,应根据文章的不同而有所改变。

最后,一篇文章只有和谐连贯才能称得上好文章,因此保证文章的和谐连贯是写作教师需要讲授的重要内容。具体来说,在一篇文章中,句与句之间须紧密相连,段与段之间要环环相扣,从而使整篇文章流畅自然。段落篇章的和谐连贯依赖于叙述的逻辑和衔接语的使用。使用恰当的起连接作用的词或词组,可以把句子与句子有机地联系起来,使行文流畅,并引导读者随作者的思路去思考问题。对于衔接语的使用可采用"短文填空"进行专项训练。但使用衔接词语时要注意,衔接语不可不用,但也不能乱用。常见的衔接语包括以下几种。

(1)表因果:accordingly,as a result,consequently,as,since,so,thus,because,for,for this reason,etc.

(2)表并列:and,or,also,likewise,etc.

(3)表比较:equally,similarly,important,in the same way,etc.

(4)表转折:but,however,nevertheless,while,yet,etc.

(5)表相反:conversely,on the contrary,etc.

(6)表让步:although,in spite of,despite,etc.

(7)表进一步关系:moreover,furthermore,besides,what is more,in addition,etc.

(8)表时间或步骤:often,after,before,next afterwards,first,finally,last,now,second,still,then,when,etc.

(9)表举例或解释:for example,for instance,such as,in other words,that is,in fact,etc.

(10)表空间和方向:here,there,beside,next to,near,to the right(left),in front of,in the middle,at the back,under,above,etc.

(11)表结果或总结:therefore,as a result,and so,finally,to sum up,in conclusion,in short,in a word,etc.

2. 拼写与符号

拼写和符号主要包括单词的拼写和标点符号的正确与否,这些主要涉及学生对基础知识的掌握程度,虽属细节问题,但仍是影响英语写作的重要因素,也是英语写作教学的重要组成部分。因此,教师在设计写作教学方式和内容时应将拼写和符号这些因素考虑进去,以增强写作教学的策略性和有效性。

3. 选词

(1)选词首先是作者与读者之间交流的方式之一,因为作者与读者之间的有效交流依赖于词的选择。

(2)选词与作者个人的爱好有关,是一个人写作风格的体现。

(3)学生在学习写作的选词过程中还要注意考虑语域的因素,如正式用词与非正式用词的选择,概括词与具体词的选择,褒义词与贬义词的选择,形象词的选择等。

(4)在选词时,还要考虑角色的因素以及读者对象的因素等。

4. 句式

在英语写作教学中,除了要学习一般句式外,教师还有必要向学生介绍其他一些句式,如强调、倒装、省略等。由于每种句式的变形是多种多样的,因而有必要让学生对此多加练习。在英语写作教学中,教师可采用"示范"和"讨论"的方式,帮助学生增强对句式的认知,从而掌握正确的表达方式。

三、英语写作教学的原则

(一)学生主体原则

学生是学习的主体和中心,因此教师在写作教学开展的过程中,要时刻以学生为主体,充分尊重学生的主体性。具体来说,教师无论是在备课、教课,还是在课后批改学生的作业时,都要充分考虑学生的心理和需要,分析学生掌握的情况,并据此安排和调整自己的教学方法和步骤。教师要相信,只有不适当的教学方法,没有教不好的学生。只有抱有这样的教学信念,才能做好教学工作。在写作教学中,小组讨论是提高学生主动性的一种有效的方式。教师在小组讨论时可采用多种方式,如卷入式、提问式等,还可以让学生集体回答,甚至可以采用互助式,让学生相互问答共同完成一个问题。总之,教师要充分发挥学生的兴趣和自主性,让学生积极参与教学活动。

(二)系统性原则

我国英语写作教学过程比较缺乏系统性,主要表现在以下几个方面。

(1)缺乏科学性的教学计划。针对大纲规定的教学任务,教师没有制订科学的教学计划,使得教学目标的实现没有可靠的保证。

(2)缺乏充足的时间保障。除了英语专业,很多学校由于课时有限,写作并不单独设课,而只是在阅读课或是口语课中稍带进行讲解,最终使写作教学变成了一个不正规的过程。常常是教师利用课堂的一点剩余时间,任意指定个题目,让学生写篇作文。

(3)缺乏系统的教材。目前还没有一套专门而又系统的写作教材,大都安排在每课的最后,而教师由于时间的问题,往往运用布置作业的形式,这就无法达到提高写作教学的要求。

(4)缺乏系统的练习。要想写好文章,必须建立在大量材料的基础上,进行大量的系统的练习,并且掌握写作的基本方法和技巧,这样写起来才能得心应手。而由于我国英语课时有限,学生很难得到有效的系统训练。

对于以上问题,教师和学校都应当本着以学生为中心的教学态度,系统性地、从宏观方面加以解决。否则,英语写作教学的效果必定会受到影响,学生的写作能力也很难得到提高。

(三)循序渐进原则

在英语写作教学中,要训练学生的英语写作能力,必须遵循先易后难、循序渐进的原则,这也符合事物发展的一般规律。

首先,从语言本身来看,写作训练要从写作句子开始,然后到段落,最后到语篇。词是英语写作中最小的单位。词按照一定的规则排列形成句子,人们借助句子相互传递信息、交流思想。当句子按照逻辑相关性的系统排列时,就形成了语篇。因此,学生要想打下良好的写作基础首先要从单词、句子的写作抓起,逐步向语篇过渡。在学生掌握了基本句型并能够写出简单的句子时,教师可以要求学生根据一些体例写出小段的文章。在具体的练习过程中,教师要训练学生养成良好的写作习惯,正确、熟练地书写字母、单词和句子,并注意大小写和标点符号。而在文章的写作中,教师要教会学生如何构思文章、分析段落结构、段落的中心句、句与句之间的逻辑关系、运用正确的写作技巧等。

其次,从训练的活动来看,也要坚持循序渐进原则,逐步提高。卜玉坤教授曾经提出了"大学英语写作分阶段教学的具体方案",大致分为以下10个阶段。

(1)写简单句。

(2)写复合句。

(3)段落的组成及要点。

(3)段落的发展方法。

(5)文章的文体类别。

(6)文章的结构。

(7)写作步骤。

(8)写作的书面技术细节与修辞手段。

(9)范文分析和题型仿写。

(10)独立撰写实践。

英语教师在教学过程中,可以根据学生的实际情况,包括所处的学习

第八章 自主学习能力培养下的英语写作教学法改革

阶段以及实际水平进行指导,安排写作活动。

(四)多样化原则

多样化原则要求教师在教学过程中要坚持写作文体的多样性。具体来说,多样化可以体现在以下几点。

从形式上来看,可以用口头作文,也可以续写故事,可以写提纲训练谋篇布局,也可以写扩展段训练发散思维。可以改写课文,也可以仿写课文。

从文体上看,可以写记叙文、议论文、说明文,也可以写便条、书信、通知等实用文体。

教师还可以安排学生进行扩写、改写、缩写、仿写、情景作文等练习,让学生逐步掌握写作的技巧。例如,教材中的很多对话都可以成为改写的素材,这不仅有助于学生研读原文,更有助于学生把握文章的中心思想。实际上,每种练习形式各有优点,学生只有多做练习,写作水平才能真正地提高。

(五)综合性原则

写作不是单纯地写,必须与英语的其他能力相结合。也只有将写作与听、说、读综合在一起运用,才能使得写作课堂生动有效。例如,学生可以通过阅读获取信息,从而发现写作中的问题。学生还可以通过课堂、讨论,相互交流写作的意见,从而逐步完善自身的写作水平。可以说,无论是在写作前的准备,还是写作后的校对,听、说、读都会参与其中。因此,教师在英语写作教学过程中,要注意对听、说、读、写的综合运用,把听、说、读、写紧密结合起来,使听、说、读、写贯穿于整个写作活动。

(六)重视写前准备原则

写前准备是写作过程的重要环节,但往往被忽视。坎贝尔(Campbell)认为,写作前有必要进行调研、搜集资料、积累材料、酝酿论点及分析问题等活动。积累写作素材既是重要的写作准备活动,也是培养写作能力的重要手段。为了让学生积累更多的写作素材,以便更好地培养学生的写作能力,教师要鼓励学生在阅读范文的基础上对一些段落、句子、词块等进行背诵。背诵输入有助于克服英语写作中的负迁移,产出地道的英语表达方式。地道的英语是通过一些固定而优美的句型和英语的习惯说法来表达的。学生之间的讨论在写作过程中也具有十分突出的作用。通过讨论,学生可以获得写作的素材。头脑风暴、对话题的讨论、构思等写前活动不仅可以减轻学生的写作负担,而且可以培养学生的写作元认知策略以及学生对写作的积极情感。

(七)真实原则

真实原则是英语写作教学中非常重要但往往被忽视的教学原则。我国英语写作教学的目的不是让学生为了写作而写作,更不是让学生应付考试,而是让学生能够运用写作进行自如的交际。因此,英语写作教学就应当努力联系学生的实际生活,让学生在写作过程中有话想说,而且言之有物,言之有理。如果写作缺乏真实性,那么学生就感受不到写作的意义,也就无法产生对写作的兴趣。对此,教师可让学生用英文写求职信、个人简历等,这些实用性文体的写作可将写作与学生的现实生活联系在一起,更能激发学生写作的积极性,也能提高学生的学习效率。

四、英语写作教学的现状

(一)教学目标缺乏系统性

英语写作能力的培养是一个循序渐进的系统性过程,所以其教学目标也应是系统地存在着的。从现实情况来看,我国英语写作教学目标缺乏一定的系统性,具体表现在总体目标与阶段性目标不协调。

具体来说,总体目标是指针对学生的生理、心理特征,结合写作教学的自身规律,并在英语课程标准中明确规定的总体任务。阶段性目标是指写作教学依据总体目标制订的一系列的阶段性目标,也就是各年级、各学期的具体要求和目标。可见,高校英语写作教学的阶段性目标是总体目标的子系统。不过,从目前的写作教学来看,二者之间的系统性不够强,很多时候,阶段性目标脱离总体目标而独立实施。实际上,总体目标和阶段性目标是一个有机统一的整体,只有两者紧密结合才能保证教学的有效实施,而两者的不协调必然会导致目标难以实现,也会阻碍写作教学有效开展。

(二)教学方法陈旧

英语课堂教学中,教师方面的问题主要体现在教学方法的使用上。受课时和应试教育的影响,在英语写作课堂教学中教师仍经常采用传统的结果教学法开展教学,即向学生提供不同类型的范文,对范文稍加讲解之后要求学生参照范文模仿,要求学生在规定的时间内利用课外时间完成写作任务,最后由教师进行批改和讲评。这种教学方法只注重写作的结果,而忽视了师生之间、学生之间的交流过程,也忽视了对学生写作问题、技巧和规律的指导。长此以往,学生就会失去写作的兴趣和动机,写作能力自然难以提高。不可否认,模仿是中国学生学习写作的初始和必经阶段,对学生的写作起着重要的作用,但模仿不是最终阶段,创造性的写作才是学生写作的最终目的也是最终阶段。所以,教师在教学中要摒弃陈旧的教学方法,选用新颖的教学方法,并注重师生之间的沟通,注重学生兴趣的培养,进而提高学生的写作能力和创造能力。

(三)教学时间有限

教学时间的缺乏是制约我国英语写作教学效果提升的重要障碍。由于英语是我国的第二外语,而且英语写作教学是在英语整体教学中展开的,因此教师除了要准备写作教学,还要进行语音、词汇、语法、听力、口语、阅读、翻译方面的教学。这种繁重的任务量致使写作教学时间严重缺失。

众所周知,写作能力的提高需要长时间的训练和练习,但是由于教学时间的不足导致我国的英语学习者写作能力较低。除此之外,我国的英语教学在很大程度上是应试教育,因此对比重相对较低的写作重视不够,这也是影响学生写作能力提高的重要因素。

(四)教师批改方式不当

作文批改方式不当是我国英语写作教学的一个重要却很容易被忽视的问题。教师看到学生作文后,往往把批改的重点放在拼写、词汇以及语法等文字使用错误上,忽略学生在整个写作过程中思维能力的培养。这就使学生过分追求写作时的语言正误,而忽视了对文章结构、逻辑层次的把握。

另外,许多教师往往直接将学生在作文中出现的问题进行改正,缺少对问题的分析与总结以及对学生的引导。这不仅不利于培养学生主动发现并改正错误的习惯,还会导致学生望而生畏甚至消极应付,进而出现教师反复改、学生反复错的局面。

(五)学生欠缺文化知识

语言学习同文化学习密不可分,一旦学生缺乏对所学语言国家的文化背景知识的了解,其语言学习就会受到阻碍。因此,要想学习和掌握英语语言,必须了解和掌握英语文化。我国很多学生虽然一直在学习英语,但思维依旧是汉语思维,很少接触英语文化知识,因此他们的思维方式比较中国化,写作也是汉语式写作。所以,大部分学生除缺乏基本的语言知识外,文化背景知识水平也有待提高。丰富的文化知识对写作有着显著的促进作用,它可以使学生形成西方思维,使写出的文章更加本土化。

(六)语言基础知识薄弱

语言基础掌握不扎实是我国学生写作普遍存在的问题,主要表现是学生作文中经常出现很多语法错误,表达也比较混乱。

(1)语法错误,主要有以下几种情况。

①词语使用错误。例如:

If I had my choice of seeing a concert or opera, I would choose opera.

上述例句中,opera 前应当加上不定冠词 an,即"If I had my choice of seeing a concert or an opera, I would choose opera."

Because Bob is more interested in Chinese than in history, he sometimes slights it.

上述例句中,it 指代不明,读者不清楚 Bob 究竟是忽视中文还是历史,应改为"Bob's interest in Chinese sometimes makes him slight history."

The duke's son inherits title and all pertains to it.

在上述例句中,inherits title 应当加上物主代词 his,即"The duke's son inherits his title and all that pertains to it."

②时态使用不当。例如:

My deskmate do his home work when his cell-phone ring.(错误)

My deskmate was doing his homework when his cell-phone rang.(正确)

At the beginning of his reign, King John is very suspicious of his nobles and decided that he would put them to a test before he trusted them with policy-making.(错误)

At the beginning of his reign, King John was very suspicious of his nobles and decided that he would put them to a test before he trusted them with policy-making.(正确)

③成分缺失。例如:

Up to this day are still clinging to the old ideas.

上述例句中,clinging to 缺动作的发出者,即主语,可改为"Up to this day they are still clinging to the old ideas."

Adam approval, "You're wise."

上述例句中,Adam approval 一句中缺谓语动词,可改为"Adam nodded approval, 'You're wise.'"

④近义词区分不开。例如：

His frankness often gets him into profound water.（×，profound 是指抽象的、深刻的"深"）

His frankness often gets him into deep water.（√，deep 是指具体的、物质的"深"）

(2)表达错误，主要有以下几种情况。

①用词繁琐。例如：

This teacher knows how to make an uninteresting subject interesting.

上述例句中的 uninteresting 表达较啰唆，用 boring 代替 uninteresting 会使表达更加简练，即"This teacher knows how to make a boring subject interesting."

②语序不当。例如：

I saw the film last summer in Shanghai.（错误）

I saw the film in Shanghai last summer.（正确）

③表达缺乏重点。例如：

He distrusted me, I was new.

上述例句中，前后两个短句之间连接不当。可以用句号，分成两句来写，也可以用连词 because，如"He distrusted me because I was new."

第二节　英语写作教学法改革

一、内容教学法

重内容的写作教学法十分强调对写作素材的收集。在这种教学法中，教师要指导帮助学生从不同的渠道获取信息，教学的重点在于帮助学生准备写作，丰富其写作内容。内容教学法的具体操作主要包括以下三个步骤。

(1)收集并整理信息。收集信息是内容教学法的关键所在。当写作的要求明确之后，学生就要带着问题去读书或参加讨论，目的是为了获取写作素材，并对获取的写作素材进行综合整理。

(2)撰写初稿。有了写作素材后，学生就要在教师的指导下根据写作要求将收集的素材转化为文章。写初稿是成文的主要阶段。

(3)修改润色。修改与写初稿之间实际上并没有严格的界线，这两个阶段的任务都由学生自己完成。在修改阶段,学生要对初稿进行加工润色,以成定稿。

重内容的写作教学方法可使学生在运用原有的知识的同时,借助新获取的信息帮助自己开阔视野,丰富写作内容。但同时内容写作模式对学生的语言能力要求较高,它要求学生必须具备一定的阅读能力,因此不适合低中级外语学习者。可见,这种教学模式的实际操作范围较有限。

二、过程教学法

传统的结果教学法的理论基础是行为主义理论,认为教学过程就是教师给予刺激、学生做出反应的过程。这种教学方法把重点放在写作结果,即写作成品上,毫无自由创作的空间,写作只是机械的输入和输出的过程。过程教学法弥补了这一缺陷,更加重视写作过程。过程写作教学法的理论基础是交际理论,该理论认为,写作的过程应当是一种群体间的交际活动,而不是每一个学习者作为个体的行为活动。过程写作教学法将学生视为语言的创造者,在此基础上,允许并鼓励他们自由地交流和表达信息,并将个体内在的动因作为学习活动的中心。过程写作教学法的基本原则是注重诸如从构思、资料收集、写作、修改到定稿等所有的写作活动。下面对过程教学法的原则和步骤进行具体介绍。

(一)过程教学法的操作原则

在采用过程写作教学方法中,教师应当注意以下几点原则和要求。

(1)要帮助学生了解自己的写作过程。
(2)要给予学生充分的时间写作和修改。
(3)要帮助学生掌握正确的写作策略,即写前准备、写作、修改三大步骤。
(4)要将教学的重心放在修改阶段。
(5)要以导致最终写作成功的写作过程为中心。
(6)要鼓励来自教师以及同伴两方面的反馈。
(7)在学生写作的过程中可以有一定的教师和学生之间的协商活动。
(8)教师要给予学生一些机会,善于发现学生想写什么或擅长写什么。

(二)过程教学法的操作步骤

过程教学法的写作过程主要有以下几个步骤。
(1)写前准备。学生在动笔之前要针对题目进行认真思考,同时鼓励学生在课上讨论,在课外查找资料,挖掘题材。这样做可以帮助学生开阔

第八章　自主学习能力培养下的英语写作教学法改革

思路,使他们觉得有东西想写,有东西可写。

(2)初稿撰写。写初稿即学生将自己的想法形成文字。此时,学生不需过分注意语法规则和选词,而是要尽可能连续不断地将自己的想法写下去。

(3)学生互评。在这一阶段,教师将学生分成两人或三人一组,让他们交换初稿,进行互评。互评的重点在于作文的内容,主要涉及这样一些问题:作者的观点是什么?文章的中心思想是什么?各段的大意是什么?是否有与文章主题无关的词句或段落?等等。讨论结束后,学生为所评作文写出书面评语或改进意见。在此过程中,教师可在教室内巡视,对有问题的学生进行随时答疑和帮助。

(4)写二稿。写作二稿就是学生根据互评结果改写或重写文章。

(5)批阅。批阅工作主要由教师完成。教师收集学生的第二稿,针对其内容进行评改,要注意在批改过程中发现学生的优点,哪怕是一个词用得好、一句话写得好,也要标出并写上肯定的语言以示鼓励。需要注意的是,教师在指出错误与不足时,尽量不要用红笔,因为红色会强调、渲染学生的错误,进而挫伤他们的积极性。

(6)师生交流。在这一阶段,教师与学生进行一对一面对面的交流。在交流过程中,教师要针对文章的结构、内容、语法等提出意见和建议,学生可以就自己不懂或拿不准的地方向教师咨询。

(7)定稿。学生综合考虑教师和同学的意见,重新修改文章,并最终完成作品,交给教师评阅。

三、语块教学法

根据路易斯(Lewis,1997)的语块教学理论,本族语人的语言之所以流利,是因为他们的词汇不是以单个词存储在记忆里,而是以短语或大的语块形式存储在记忆里,在使用的时候能够作为整体提取出来,从而减少了资源信息处理的困难。[①] 相比之下,学习单个词语的学生在表达思想时就需要付出更多的努力。鉴于这种情况,教师在教学中就可以采用语块教学法,培养学生运用语块的意识,促使学生不断积累语块,以使学生在写作过程中可以迅速提取并直接运用,提高语言表达的自动化程度,从而写出地道、精美的文章。具体而言,教师可参看如下两个方面。

---

① 张鑫. 英语教学的理论与实践[M]. 北京:知识产权出版社,2012:113.

(一)建构相关的话语范围知识

所谓相关的话语范围知识,主要包含与主题相关的各种社会知识与文化知识。在传统的写作教学中,这一环节未引起重视,但是不得不说,这是写作教学的第一步。在这一阶段,教师需要完成如下步骤。

(1)引导学生学习和掌握与话语范围相关的知识,可以通过交流形式,让学生对其他学生的相关经历有所了解。

(2)对与话语范围相关的双语语言进行比较,尤其是不同语言的异同点,从而了解这些语言背后的文化背景,以及文化背景对话语范围所产生的影响。

(3)对与话语范围相关的词汇及表达形式进行列举、选择与整理。

具体而言,教师可以引导学生开展如下教学活动。

(1)教师提前为学生准备一些与话语范围相关的语篇,让学生对这些语篇进行比较与探讨,以便学生发现不同语言的异同点。

(2)在课堂上,教师组织学生探讨自身的经历,如旅游经历,可以让学生对自己旅游过的地方、乘坐的交通工具等进行描述。

(3)为了让学生对主题有更深刻的感受,教师可以组织学生参加与主题相关的活动,如讨论购物主题时可以让学生亲自去超市购物等。

(4)教师安排学生准备一些与主题相关的物品,如实物、照片、视频等。

(5)教师让学生从写作的角度来认真阅读语篇,并对语篇中的语言符号、辨别意义等有所了解。

(6)学生在阅读语篇的过程中,将自己遇到的生词等进行归纳,并将这些新词与已学内容相联系。

(二)建立相关语类的语篇模式

在这一阶段,教师写作教学的主要目的如下。

(1)让学生对语类及相关主题的语篇能够有清楚的了解和把握。

(2)让学生对语类结构与结构潜势有深刻的了解。

(3)让学生对语篇语境有清楚的把握。

(4)让学生对交际目的、交际功能有清楚的了解。

在这一阶段,教师需要完成如下步骤的工作。

(1)通过分析语篇,向学生传达与语类相关的知识。

(2)通过分析语篇,让学生感受到与语类相关的词汇、结构等,分析这些词汇、结构等如何表达主题。

(3)通过分析语篇,让学生感受语类的社会意义。

具体来说,教师在这一阶段可以安排如下几种具体的活动。

(1)教师为学生阅读一遍语篇。

(2)教师与学生一起阅读语篇,可以是教师领读,也可以是轮流阅读。

(3)教师引导学生根据语篇的内容,对相关社会与文化背景进行推测,如作者写作语篇的目的、所处的时代等。

(4)教师让学生回忆他们在其他时间学过的类似的语篇,并组织学生分小组交流语篇的主要观点、主要内容等。

(5)教师组织学生分析语篇的结构与框架,如语篇由几个段落构成,这些段落如何进行连贯的等。

(6)教师或者学生寻找一些类似的语篇,对语类结构的阶段方法进行训练。

(7)教师以语类为基础,引导学生对一些规律性的语法模式进行总结与归纳。

(8)教师引导学生思考语法模式与语类的关联性。

第三节 提升英语写作自主学习能力的策略

一、熟练掌握各种写作技巧

学生掌握各种写作技巧是写出一篇佳作的前提,因此在自主学习过程中要多总结。具体来说,写作技巧主要包含以下几个层面。

(一)构思技巧

构思是写作的基础,需要贯穿在文章写作的始终。构思是作者对文章把握的前提,主要可以采用以下几种形式进行构思。

1. 自由写作式

学生拿到文章题目时,可任由思绪在脑海中扩展,同时要及时将头脑中的观点记录下来,然后阅读记录内容,从中挑出有用信息展开写作。

2. 思绪成串式

思绪成串法是一种十分常见且有效的选题构思策略,它是指将主题写在一张纸的中间,并画上圆圈,然后将所能想到的与主题相关的关键字都写下来,并画圈。接下来对所有的关键字进行总结归纳,最后确定写作思路。

3. 问答式

问答也就是自问自答,即自己就有关主题进行提问。一般来说,应当用英语中的五W和一H开头的问句进行提问。提问的时候尤其要注意多问那些人们很想知道的问题,并尽量多提问一些问题。

4. 五官启发式

学生将五官(视、听、嗅、味、触)感受到的信息进行整合,从而总结出与作文题目相关的材料。这种构思方式常用于描写文的写作中。

(二)开篇技巧

好的开头对一篇文章十分重要,因为文章开头写得出彩往往会给人留下深刻和正面的印象,能够激发读者的阅读兴趣,吸引读者继续阅读。文章开篇的方法有许多种,下面介绍几种最为常见的方式。

1. 开门见山式

西方人多为直线型思维,因此在语言组织上也习惯于使用"开门见山"的表达。这种表达在文章开篇便突出文章主题,又被称为"事实陈述法"或"现象陈述法"。

2. 故事导入式

与直白的说理相比,生动活泼的故事、事件对读者的吸引力更大。因此,用一个事件、故事或意象开始一篇文章对于提升文章的趣味性而言是十分有效的。

3. 定义式

当文章需要对某事物进行阐述时,可以在开篇使用下定义的方法,以帮助读者对文章事物进行理解与掌握。这种定义的开篇方式在说明文或科普类文章中经常出现。

4. 数据式

数据式就是在文章的开头引用权威性的数字,以使文章更具权威性和说服力。数据法有先主题后数据和先数据后主题之分。

(三)段落展开技巧

当文章的框架基本确定,并且有了合适的开头,便需要对段落展开写作了。通常,段落展开的策略主要有以下几种。

1. 按时间展开

按时间展开这种方法常用于记叙文的写作。通常是在记叙一件事情时,按照事件发生的顺序写,也就是先发生的事情先写,后发生的事情后写。

2. 按定义展开

按定义展开这种方法常用于说明文,主要是对一个复杂和抽象的词语或概念进行阐述。在下定义的同时,常运用举例子、打比方的方法,以使读者对其定义有一个清晰完整的了解。

3. 按空间展开

当写作中需要对一个地方或景物进行描述时,写作者可以采用按空间展开的形式。空间展开的段落发展策略能够增加文章的错落感和整体感,便于读者对文章的理解和掌握。

4. 按过程展开

按过程展开的方法主要用于记叙文的写作,它往往按照事情发展的过程或按照事件步骤的先后顺序,逐项进行说明。

5. 按实例细节展开

按实例细节展开这种方法常用于说明文,就是将主题句的抽象意思具体化,给读者一个清晰、有趣、深刻和信服的印象。通常在文章开头提出论点,然后列举实例加以说明,例子可以举一个,也可以举多个。

6. 按因果关系展开

按因果关系展开这种方法常用于说明文,主要包含三种形式:第一种是按原因展开,即文章开头先描写结果,然后再分述其原因;第二种是先给出结果,然后再叙述其原因;第三种是文章既分析原因又分析结果。

(四)文章修改技巧

初稿的完成并不代表写作的完成,初稿完成之后还应对其进行仔细阅读和修改。修改实际上是对文章的再加工、润色的过程,通过修改可以排除文章的错误之处,增添文章的色彩。通常而言,在修改过程中要注意删除多余的、与主题不相关的信息,如果文章不完整,就要把不完整的内容补充上并纠正错误的拼写、语法、符号等。具体来说,可以从下面三个方面着手对文章进行修改。

(1)语法修改。语法错误是学生在写作过程中最常见的错误,因此这一问题应引起师生的重视。在检查语法方面的错误时首先要通读全文,然后检查句子意思表达是否清楚、有无病句、有无拼写错误,标点符号的运用是否正确等,如果发现错误应及时修改。

(2)主题修改。对于一篇文章而言,主题的准确性十分关键,因此在修改时首先要针对文章主题进行修改,以确保主题的准确。在检查和修改主题方面的错误时,首先要看文章所表达的主题是否完整统一,然后检查文章的内容与标题是否相符,主题句是否清楚,语气是否一致,时态是否恰当,逻辑是否正确等,如果在这些方面发现问题应及时修改。

(3)段落修改。修改段落方面的问题可以从下面几个方面着手:段落的展开是否流畅;段落材料是否充实;段落组织是否合理;过渡词运用是否得当。

(五)结尾技巧

结尾段一般是对前文内容的总结、强调或是前文内容发展的自然结果。结尾段既可以是一个段落,也可以只是一个句子。无论哪一种,都必须表达一个完整的意思,给读者留下深刻的印象。常用的结尾方式主要有以下几种。

(1)总结式结尾。所谓总结式结尾就是在文章结尾处对全文进行总结,以揭示主题。

(2)建议式结尾。建议式结尾主要针对文章讨论的某种现象或问题,提出解决问题的途径、方法或呼吁人们采取相应的行动。

(3)警示式结尾。警示式主要是依据文中的论点,在文章结尾处揭示问题的严重性,以引起读者的重视,引发读者的思考。

(4)展望式结尾。展望式结尾主要在文章结尾表达对未来的期望,以达到增强文章感染力,同时鼓舞人心的目的。

(5)重申主题式结尾。在结尾处重申主题,对文章的中心思想进行强调,从而加深读者对文章的印象。

(6)引语式。引语式就是通过引用格言谚语,以总结全文。但要注意,所引用的名言一定要与前面的观点相符合。

(7)反问式结尾。强调文章主题不一定全部采用重复中心思想的方式,适当使用反问句也是一个不错的选择。另外,反问句能够发人深思,这是简单地重复主题所不具备的功能。

二、借助其他技能提高写作水平

上面我们提到,写作教学应该坚持综合原则,学生在自主学习过程中同样应遵循这一原则。这里我们重点介绍读与写结合学习的重要性。

语言的输入与输出在语言学习中的作用与关系,即"语言学习环境"与"语言学习者的外在表现"之间的关系,是应用语言学研究的一个重要课题。克拉申(Krashen,1981)的输入假设理论认为,"可理解语言输入是语言习得发生的重要条件,且以输入的语言材料略高于学习者的现有语言水平为最佳。"斯温(Swain,1985)的输出假设理论则在承认输出理论的基础上指出,可理解性语言输出也是语言习得的重要条件。这就为读写结合创造了理论依据。

阅读作为一种语言输入,其对于学生在写作输出语言时的材料来源、组织结构、开展方式等有着重要的指导意义和借鉴价值。因此,写作训练应该与精读教学结合起来。在阅读课中强化写作训练,一方面是阅读教学的基本任务;另一方面是全面完成阅读课教学任务的有效途径。可以说,阅读课教学是否完整跟是否进行了写作训练有很大的关系,写作训练能否取得良好的效果也很大程度上取决于阅读时语言输入的质与量。如果只读不写,一方面不利于学生对文章的深入理解,另一方面使输入的语言无法内化,久而久之就会被遗忘;相反,以读带写,以读促写,读、写结合,能够帮助学生储备大量的语言材料,提供学生段落开展的模式、篇章组织的方式,从而解决学生写作内容空洞、逻辑不清、结构混乱等问题,提高写作教学的效率和质量。因此,学生要多阅读,增加语言输入量。

第九章 自主学习能力培养下的英语翻译教学法改革

翻译是一门精密且复杂的语言科学。随着跨文化交际活动日益频繁,社会对专业的高素质英语人才的要求也更高,越来越多研究者开始关注翻译与翻译教学。英语翻译教学旨在培养不同专业的学生具备全方位的翻译能力,提高跨文化交际能力。本章研究自主学习能力培养下的英语翻译教学法改革,先对英语翻译教学进行综述,进而探讨英语翻译教学法的改革,最后就提升英语翻译自主学习能力的策略展开讨论。

第一节 英语翻译教学综述

研究英语翻译教学基础知识,对于翻译教学的顺利开展十分必要。本节就具体介绍英语翻译教学的意义、目标、内容、原则、现状等方面的内容。

一、英语翻译教学的意义

在英语教学中,翻译教学是在学生的语言能力达到一定水平后才能顺利进行的一项教学活动与过程。在跨文化交际日益频繁的今天,英语翻译教学更是具有很大的意义,主要体现为以下几点。

(一)有利于提高学生的语言修养

在英语翻译教学中,教师应引导学生既要注意确保译文能够准确、完整地再现原文的意义,又要使译文与原文在风格、修辞手法等方面保持一致。可见,英语翻译教学对学生英汉语言素养的培养十分有利。

教师应引导学生关注文体因素。不同文体具有不同的语言特点,所以在对不同文体进行翻译时,译文中应有相应的体现。例如,翻译科普类的文章时,译文要确保简洁、精炼,避免生硬、晦涩,使读者一目了然。在学习翻译的过程中,学生经过反复的翻译练习,从而不断提高自身的语言素养。

(二)有利于培养学生的跨文化交际能力

语言有其特定的交际模式。在对英汉语言进行翻译时,要求学生既要掌握语言的基本知识,还要熟悉英汉语言的文化差异,遵循英汉的交际模式。

如果对英汉语言的交际模式不甚了解,学生即使具有丰富的英汉语言基本知识,翻译的质量也难以提高,对跨文化交际带来负面影响。在英语翻译教学中,通过给学生讲解英汉交际模式存在的差异,有利于学生跨文化交际意识与跨文化交际能力的培养。

(三)有利于提高学生的综合语言能力

翻译涉及两种语言间的转换,在翻译时,学生必然会运用所学的知识进行笔译或口译。

在进行笔译的过程中,教师应引导学生对原文的语音、语法、表层含义以及深层含义进行分析,这有利于巩固学生的语言、语法、词汇、语义等方面的知识学习。

在进行口译的过程中,通过与对方进行交际,通过分析对方信息,进而用另一种语言准确地转述出来,有利于锻炼学生的听力能力、口语能力和翻译能力。

因此,开展英语翻译教学将有利于巩固并提升学生的综合语言能力。

(四)有利于增加学生的文化知识

翻译教学不仅涉及翻译知识的讲授,还要注意培养学生的文化意识,拓宽学生的文化视野。英语教师要在翻译教学中介绍西方文化,还要注重西方文化与中国文化的对比,使学生更好地了解中西文化差异。这是因为,翻译涉及两种语言之间的转换,译者若想译出高质量的佳作,需要对目的语文化背景知识进行充分、系统的了解。在这一过程中,通过大量的翻译训练与实践,学生的文化知识得到丰富与提高。

(五)有利于促进各民族文化的交流

翻译有利于促进各民族文化之间的交流。通过对世界翻译历史进行观察可以发现,只要某一时期翻译活动频繁,那么这一时期的两种文化或使用两种语言的两个民族之间就必然存在极大的差异或不平等,一个民族就会向另一民族学习先进的知识与文化。在知识传播过程中,从古希腊到波斯,从印度到阿拉伯国家,从欧洲到中国和日本,翻译都发挥至关重要的作用。

　　随着社会文明的飞速发展,科学技术取得了很大的进步,加强翻译教学有利于充分发挥翻译在沟通世界各族人民的思想、促进各国与各民族之间的文化交流方面的作用。

二、英语翻译教学的目标与内容

(一)英语翻译教学的目标

英语翻译教学的最终目的在于为社会培养高素质的翻译人才。

　　就大学英语翻译教学而言,《大学英语课程教学要求》提出的翻译教学目标如下。[①]

　　一般要求:

　　(1)学生可以借助词典对题材熟悉的文章进行英汉互译。

　　(2)学生的英汉译速可以达到每小时约 300 个英文单词,汉英译速可以达到每小时约 250 个汉字。

　　(3)学生的译文可以基本准确,没有重大的理解和语言表达错误。

　　较高要求:

　　(1)学生可以摘译所学专业的英语文献资料。

　　(2)学生可以借助词典翻译英语国家的大众性报刊上题材较为熟悉的文章。

　　(3)学生的英汉译速应达到每小时约 350 个英语单词,汉英译速应达到每小时约 300 个汉字。

　　(4)学生的译文通顺达意,理解和语言表达错误较少。

　　(5)学生可以使用适当的翻译技巧。

　　更高要求:

　　(1)学生可以借助词典翻译所学专业的文献资料与英语国家报刊上带有一定难度的文章。

　　(2)学生可以翻译介绍中国国情或文化的文章。

　　(3)学生的英汉译速可以达到每小时约 400 个英文单词,汉英译速可以达到每小时约 350 个汉字。

　　(4)学生的译文内容准确,基本没有错误、漏译,文字通顺达意,语言表

[①] 教育部高等教育司.大学英语课程教学要求[M].北京:外语教学与研究出版社,2007:2-4.

第九章　自主学习能力培养下的英语翻译教学法改革

达错误较少。

(二)英语翻译教学的内容

英语翻译教学的内容具体包括以下方面。

1. 翻译基础理论

翻译基础理论知识包括"对翻译活动本身的认识,了解翻译的标准、翻译的过程、翻译对译者的要求、工具书的运用等"[①]。

学习翻译基础理论知识有利于学生从宏观层面对译文的思路进行确定与组织。在保证了正确的译文思路后,即使有一些细微错误,也有利于学生对译文进行修改。

2. 翻译技巧

翻译技巧是为了保持译文的顺畅,在遵循原文内容的前提下,对原文的表现手法或方式加以改写的方法。常用的翻译技巧有直译、意译、音译、增译、省译、正译、反译、套译等。英语翻译教学的重点内容之一就是使学生掌握这些翻译技巧,提高其翻译能力。

3. 英汉语言对比

英语翻译教学内容还包括英汉语言对比,主要涉及以下两个方面的内容。

(1)语言层面的对比,具体如词法、语义、句法、篇章等的对比,使学生掌握英汉语言的异同。

(2)思维、文化层面的对比。英汉语言通过不同层面的对比,帮助学生在翻译时恰当并准确地传递原文的信息。

4. 翻译实践

翻译是一项实践性很强的语音活动,所以英语翻译教学还应涉及翻译实践。在英语翻译教学中,教师应注意向学生讲授如何依据翻译理论更好地翻译。所以,英语翻译教学应探讨如何构建恰当、科学的翻译教学理论体系,同时在英语翻译教学实践中进行合理、有效的运用。

---

① 高华丽. 翻译教学研究:理论与实践[M]. 杭州:浙江大学出版社,2008:3.

三、英语翻译教学的原则

英语翻译教学要遵循科学的原则,从而确保教学质量。具体而言,英语翻译教学应遵循以下几项原则。

(一)循序渐进原则

任何活动都需要坚持循序渐进原则,当然翻译教学也不例外,过分地急于求成显然不可取。在实际的翻译教学中,教师应该从简单到复杂、从浅显到深刻,让学生逐步学习翻译知识,并掌握扎实。

例如,在翻译教学的初期,教师应该将翻译的一些基础知识介绍给学生,进而对一些技巧和理论进行讲解。但是,如果教师反过来先讲解技巧与理论,就必然会让学生感觉到晦涩难懂,也让学生很难将知识运用到实践中。

可见,翻译教学中坚持循序渐进原则必不可少,不仅可以提升学生的翻译学习兴趣与积极性,还能够调动学生的自信心,提升他们的翻译技巧与能力。

(二)普遍性原则

翻译行为本身属于语言行为的一种,而语言行为本身具有经验性特征,这就决定着翻译教学应该坚持普遍性。通过感觉对事物的经验进行把握,这种经验往往是纯粹的经验,是一种局部的、表面的经验,因此很难普遍地说明翻译行为与现象,也很难正确地指引翻译活动。

翻译活动在普遍性原则的指导下,能够产生新的经验,从而实现真正的调整与检验,并实现深层次的优化与修正。也就是说,教师在翻译教学中必须坚持普遍性原则,以便让学生对普遍性原则的基本指导思想有清楚的了解,从而对翻译实践活动进行指导。

(三)题材丰富原则

当今社会需要的是实用型、综合型的翻译人才。因此,为了适应社会各方面对翻译人才的需求,翻译练习的材料应该多样化和系统化。

例如,翻译的文体应该涵盖各种类型,如法律文体、新闻文体、广告文体、文学文体等。每一种文体练习一段时间,直到学生能基本做到触类旁通,然后进行另一种文体的训练。教师还要对每一种中英文文体的功能和特点进行介绍,以便让学生了解,并在练习中加以体现。

文体翻译练习并不是单一进行的,可以将翻译中常见的问题与各文体的练习相结合。例如,某类翻译问题在某种文体练习中出现得比较多,在其他文体中则出现得较少,对于这些问题,教师要及时予以解决,使解决问题与文体语篇练习进行有机结合。

（四）认知原则

一般情况下,学生新知识的学习是建立在自己已掌握知识的基础上的,而且会依照自己的认知特点和思维方式来选择适合自己的学习方法和策略。因此,英语翻译教学要遵循认知原则,教师应对学生的个性与特点有全面的、详细的了解,以此为依据设计能激发学生兴趣、调动学生积极性的翻译活动模式,培养学生的自主学习能力和创造力。

（五）精讲多练原则

英语翻译教学应坚持精讲多练原则。翻译教学中要坚持精讲多练原则,即包含两大层面:一是要求精讲,二是要求多练。

翻译教学属于技能教学中的一种,如果仅仅采用传统的方式来开展教学,即先进行讲解与灌输,后进行练习的方式,那么这样的教学方式很难提升学生的翻译能力。因此,就当前的翻译教学而言,教师应该将讲授与练习二者相结合,并在实际的练习中,让学生归纳和总结翻译的相关知识点。

例如,在进行翻译练习之前,教师可以给学生讲解一些相关技巧,然后让学生进入到练习之中。学生完成一阶段的练习之后,教师要对学生的练习进行仔细分析和批改,然后针对学生的练习进行讲评。需要注意的是,讲评并不仅仅是点评,是基于对原文的系统分析,对知识进行整理,从而将其上升为理论。

（六）实践性原则

英语翻译教学还应遵循实践性原则。教师可以在条件允许的情况下,尽可能多地给学生提供翻译实践的机会,如到翻译企业中进行真实情境的翻译实践,使学生切实体验实际的翻译过程,了解社会实际的需要。这不仅可以提高学生学习的积极性与自主性,还能为学生日后走向社会、适应社会提供知识方面的储备。

（七）翻译速度与翻译质量结合原则

在翻译教学过程中,教师还需要注意速度与质量的结合,即不能仅注重速度,而忽视译文的质量,也不能仅注重质量,而忽视速度。在翻译时,学生会更多地关注翻译的质量,害怕因为某字词的偏差影响翻译的效果。但是,这样对翻译质量的关注必然会降低翻译速度。因此,在翻译时,除了要注重质量外,还需要把握好速度,这样才能完成公司规定的任务。

要想提升学生的翻译速度,教师可以对学生开展限时训练,让学生在规定时间内完成任务,并随着学生速度的提升,不断增加难度。

当然,学生除了在课堂上进行限时练习外,还可以在课下进行,这样学生可以循序渐进地把握好翻译速度,在有限的时间内完成翻译作品。

四、英语翻译教学的现状

当前英语翻译教学存在一些问题,阻碍教学质量的提高。关于英语翻译教学的现状,下面从教师教学、学生翻译、翻译课时和翻译教材四个方面加以分析。

(一)教师方面的现状

教师方面的现状一般包括以下几个方面。

1. 对翻译重视程度不够

经过分析我国的英语教学大纲可以发现,对学生的翻译技能和能力的培养并没有给出具体的方案与计划,与其他技能相比较而言,翻译技能的地位是很不受重视的。在这一现状的影响下,翻译教学不能引起授课教师的足够重视,他们往往采用传统的教学方法进行授课,只是将翻译看作巩固其他语言技能的一种手段,只注重语言形式而忽视了内涵。

另外,对于教材中的翻译练习,教师往往将其作为翻译教学的附加练习,在没有充足时间讲解的情况下采取直接给出答案的做法,让学生自己去核对,持有一种非常随意的教学态度。

2. 教学方法不科学

由于授课教师对翻译体系研究不够深入和全面,很多英语教师在教授翻译时使用的教学的方法是很不科学的。在传统教学模式的影响下,很多教师教授翻译的过程为"为学生布置翻译实践任务—学生翻译并提交—教师批改学生的译文—挑出其中的错误并进行讲评—安排翻译实践练习"。这种不科学的教学方法不仅费时费力,而且还收不到满意的教学效果,学生一直处于被动接受的地位,根本无法养成科学、合理的学习习惯,自然更

第九章　自主学习能力培养下的英语翻译教学法改革

无法提高自己的翻译能力。

此外,在教学过程中教师不会给学生系统讲解翻译理论知识,更没有安排学生全面学习翻译的各种技巧,在教授时往往针对翻译材料中的重点词语、句型进行讲解,将翻译课上成了词汇课和语法课。在学生做完翻译任务后教师就直接告诉学生任务的答案,并不给他们仔细分析自己的译文与答案之间的区别与差距,影响了学生翻译能力的提升。

3. 理论与实践脱节

实践对理论有着重要的指导意义。理论主要来源于实践。只有将理论与实践相结合,才能更好地提升英语翻译教学的质量和效率。这就要求在翻译教学中,教师不仅仅要为学生传授基本的翻译理论、翻译技巧,还需要组织学生展开翻译实践。

目前,我国很多学校在培养英语翻译人才的过程中,理论与实践脱节,导致很多学生虽然在课堂上学习了大量的翻译理论知识,但是很难将这些知识运用到具体的实践中。这主要是因为在翻译教学中,教师并没有将实践的意义传授给学生,这样教出来的学生很难在当前背景下满足翻译工作需求。

4. 教师素质有待提升

英语翻译人才的培养离不开高水平的教师。目前,英语翻译人才培养师资的整体水平不高,部分英语教师的翻译功底不深厚,英语翻译教学缺乏经验,没有形成规范、科学的英语翻译教学习惯,这对于培养英语翻译人才非常不利,且部分翻译教师存在盲目求快、浮躁的教学态度,不能沉下心认真钻研翻译教学,无法对学生进行有效指导,不利于学生掌握必备的英语翻译技能。

另外,我国很多英语教师并非翻译专业的科班出身,他们在学校学习的往往都是综合类英语内容,对英语翻译的知识、理论、技巧等方面了解得也并不透彻,因而在开展翻译教学工作时会显得力不从心。许多高校教授翻译科目的英语教师自毕业后就进入学校教学,没有体验过社会生活,更没有从事过实际的翻译工作,这在一定程度上导致这些教师与社会的发展存在一定的脱节现象。在这种教师的影响下,大多数学生对于翻译学习并不能抓住核心和要点,教师对于翻译方面的内容也是看课堂时间的充裕与否,由此使得学生并不能完全掌握系统的翻译理论知识及参与大量的翻译实践活动。因此,要想培养出更高质量的翻译人才,就必须提升授课教师的素质。

(二)学生方面的现状

翻译意识主要是指有关翻译现象的思想、心理和观点,是一种特殊的社会意识。翻译意识的产生和发展具有历史继承性、相对独立性。就社会意识主题层面而言,翻译意识可以划分为社会翻译意识、个人翻译意识、群体翻译意识。其中,个人翻译意识主要是指个体对翻译的思想、情绪和看法,是个体实践经验和社会经历相结合的产物。学生的翻译意识即为个体翻译意识。

目前,大部分学生的翻译意识还处于低级阶段,如许多学生仅仅将英语翻译视为一种赚钱工具。此外,学生的翻译心理也不尽相同,一些学生仍旧未能明确英语翻译的学习策略和理念,没有形成健全的翻译知识体系。调查表明,当前许多学生的翻译学习还属于"为语言而翻译"阶段。这导致学生在翻译过程中仍旧拘泥于词组、句子和单词的一对一翻译,未能将翻译内容视为一个整体。这就要求教师在翻译教学中一方面要引导学生形成正确的翻译理念;另一方面,要鼓励学生在翻译实践中逐渐摆脱传统翻译理念的束缚。

(三)翻译课时方面的现状

翻译教学课程所占用的课时不足。在一节课短短的45分钟内,如果教师既要详细地解释翻译理论,又要指导学生进行实际的翻译实践,时间显然不够用。所以,在翻译课堂上,教师往往只是对翻译理论进行讲授,将翻译练习作为作业布置给学生,要求课下完成,然后在下一堂课教师对练习进行评讲。课时不足也在一定程度上影响翻译教学的效果。

(四)翻译教材方面的现状

教材对于英语翻译教学至关重要,其是教师进行教学设计的基础,也是学生学习的主要参考素材。教材质量如何,会对英语翻译教学与学习效果产生直接影响。从实际情况来看,当前部分院校的英语翻译教材更新速度较慢,没有体现时代经济文化发展的新特点,没有吸纳新词汇,许多内容与现实的英语翻译人才培养需要脱节。此外,教材受到编写团队的水平、编写思维以及出版质量等因素的影响,部分英语翻译教材甚至出现了内容不严谨、权威性不强,核心内容层次不高,适用范围狭小,结构组织不系统等问题,制约了英语翻译人才培养质量的提升。

第九章　自主学习能力培养下的英语翻译教学法改革

第二节　英语翻译教学法改革

为了解决当前英语教学中存在的问题,改善教学现状,有必要采取一些有效的教学法。本节对英语翻译教学法改革进行研究。

一、情景教学法

在英语翻译教学过程中,教师要根据不同的教学内容模拟生活中的真实场景,以生动活泼的方式呈现教学内容。

例如,创设对话情景,组织学生在情景中反复进行英语翻译对话练习,提高学生的英语翻译交际能力。教师应基于学生的知识基础,设计与英语文化相近、便于学生理解的教学活动。在介绍新词汇、新语法时,教师可在课堂中引入生活中的真实场景,如问路、就餐、家访等,让学生在一个富有实际意义的环境中,掌握英语语用习惯。

二、项目教学法

项目教学法可以有效平衡英语教学实践和理论之间的关系,为学生提供更多英语翻译实践的机会和平台,进而了解英语翻译行业的规则要求和发展前景,提升学生的实践能力。

具体而言,项目教学法主要包括以下几个阶段。

(1)签订英语翻译教学项目,充分了解客户的要求、项目的需求、时间设定、翻译难度等。

(2)教师应当全面了解学生的性格特点、兴趣爱好,在此基础上合理划分小组,每个小组推选一名项目负责人,负责项目的审核、进度和质量。

(3)教师要合理分配教学任务,并将英语翻译所需的行文风格、背景材料、行业术语、理论要求加以汇总整理,并传授给学生。

(4)要互相审阅提交,教师可以要求小组自由结合,两个组为互审单位,相互审阅翻译质量、翻译结果,且给出全面的反馈信息,对生僻术语则应当反复讨论。

(5)要和客户协商探讨,进行修改和定稿。在这一阶段教师应当及时给予指导,充分考虑客户需求。

在项目教学法中,教师主要起引导和指导作用,要随时了解学生的项目进程,并分析、修改和讲解译文,在项目进行中有计划地培养学生的服务意识,增强学生的职业素养。

三、团体教学法

课堂上,团体教学法常被用于会话训练中,以学生感兴趣的话题为主,然后教师再视学生的学习程度,将话题中运用到的词汇和句型转化为适合学生学习的教材内容。

团体教学法注重认知过程及心理语言学发展的特点,顾及学生的个人情绪,能提升学生学习能力,吸引其注意力,促成整合分析的鉴别力。教师可以将学生分成不同的小组展开教学。

例如,运用翻译工作坊的方法展开教学。翻译工作坊一般运用在商业性翻译机构中,由多名翻译人员共同完成一定的翻译任务。在英语翻译教学中,教师可以将班级的学生按照每组5~6人进行划分,相当于虚拟的翻译社,根据小组成员的英语翻译实训情况,引导学生相互讨论,每组选派一名同学担任"翻译社长",负责将具体的翻译任务分配给小组成员。小组中,翻译水平较高的同学,要负责后期的翻译项目统稿和审稿。这种工作坊式的教学,对于调动学生参与英语翻译学习训练的积极性具有重要影响。

教师还可以运用头脑风暴法,培养学生的创造性思维,引导学生收集不同版本的译文,让全班同学畅所欲言,对译文的优劣进行点评,共同分析总结和反思,充分激发学生的多样翻译思维,使其掌握更多的翻译方式和技巧。

四、竞合探究翻译教学法

竞合探究翻译教学法起源于美国著名教育家布鲁纳的"认知发现说",该模式是在合作学习理论的基础上,引导学生自己发现问题,从而培养学生的竞争意识、进取精神以及合作能力,使学生不断适应当前翻译市场的要求。

该方法主要是通过学生之间的合作与竞争等一系列活动来完成对翻译任务的研究和探讨。其中合作的形式多种多样,如人机合作、师生合作、生生合作、异质学生合作、同质学生合作等。在研究和探讨的过程中,学生可以采用的形式也是多样的,如组间讨论、小组档案等。

另外,在该翻译教学法中,教师主要扮演任务分配的角色。在布置任

第九章　自主学习能力培养下的英语翻译教学法改革

务之前,教师应该对学生的特点以及教学的内容有一个整体的把握,进而针对学生的特色与内容设计任务,形成任务包。任务包应该保证目的明确、主题清晰,以培养学生的探索能力为宗旨。学生可以在多媒体软件的帮助下,以小组合作等形式来完成任务。教师从旁对学生的任务完成情况进行监控与指导,最后对学生的成果进行评估和反馈。

具体的操作步骤如下。

(1)根据选题内容对学生进行分组。

(2)为每个小组设计不同的学习任务。

(3)对小组实施调查。

(4)让小组内成员提出自己的观点并加以论证。

(5)向其他同学分享自己的成果。

(6)其他同学对该组的成果进行评价。

(7)教师做最后总结。

在英语翻译教学中,教师使用竞合探究翻译教学法组织翻译教学,既能够激发学生的学习兴趣和积极性,又能够提高学生的翻译实践技能。

五、过程式翻译教学法

无论教师采取的教学步骤如何,翻译活动本身就属于一种能动的过程。例如,贝尔(Bell,1991)认为,翻译过程可分为两个阶段:分析和合成,并且在其中的每一个阶段都包含语义、句法、语用三大领域。而在这三大领域中,译者先对源语进行分析,进而对译文合成的过程实际就属于传译语际信息的过程。

过程式翻译教学法主要以翻译过程作为导向,其出发点在于对翻译能力展开分析,进而探讨其在翻译过程中的意义,最后不断认知翻译过程中译者的思维活动、行为表现以及翻译中遇到的问题与解决方法等。[1]

(一)过程式翻译教学法的特点

过程式翻译教学的侧重点并不在于过分强调翻译结果,而在于对翻译过程进行描写与解释,具体体现在以下几个方面。

(1)侧重探讨在翻译过程中重复出现频率较高的相关问题。

(2)对错误出现的原因进行探究。

---

[1] 严明.大学英语翻译教学理论与实践[M].长春:吉林出版集团有限责任公司,2009:268.

(3)在给学生布置翻译练习任务之前,对学生的翻译技巧与原则等进行相关的指导。

(4)在翻译的过程中不仅对译文的词句意义的理解进行关注,还要逐步地了解并认识翻译过程。

(5)通过对译文产生的过程做出一定的解释,便于译文读者信服与接受译文。

(6)形象生动地对翻译策略进行相关的描述,让学生在翻译过程中能够恰当、合适地使用翻译策略。

(7)避免将固定的翻译标准强加给学生。

(8)在译文中灵活地采用多种表达方式,对译文的语言形式与意义进行分析与理解,鼓励学生充分地发挥其积极性和创造性。

(二)过程式翻译教学法的流程

过程式翻译教学法具体的流程可以描述如下。

(1)给学生布置翻译练习时,需要在教师的指导下,做好译前准备。具体来说,教师应该提前预设翻译情境,如作者写作的意图、翻译目的、文章的写作背景、写作完成时间、对翻译的具体要求等。另外,教师还需要不断扩充学生的学习渠道,如借助网络、词典、百科全书等,对素材、术语展开分析。

(2)在对学生安排翻译练习任务时,还需要对学生展开启迪和引导,主要是通过对学生展开适时的引导,让学生对即将在翻译中遇到的问题有所准备。

(3)灵活讲评学生的翻译作业。讲评既可以由教师讲评,也可以让学生之间互相评议。教师讲评时应当在翻译过程中注重指导、分析、启发,可以以互动式的形式进行讲评与讨论,最大限度地调动学生参与讨论与讲评的积极性。需要注意的是,讲评时不仅要明确地指出译文中出现的错误和解决学生的相关疑问,也要及时地对学生进行鼓励,肯定其中翻译质量较高的作品,从而更好地培养学生独立思考与创新的能力。

六、语言经验教学法

如果把英语学习的基础建立在学生自己的经历和兴趣之上,学习效果会更佳。

在英语翻译教学中,教师可以通过相关教学引导活动,调动学生回忆自己的生活经历,将其编成英语故事说出来、写下来,然后讲述给他人,并

第九章 自主学习能力培养下的英语翻译教学法改革

要求学生进行反复练习,以达到流畅复述的效果。语言经验教学法可以帮助学生将口头语言自然地转换为书面语言。

七、文化导入法

在英语翻译教学中,教师要有针对性地向学生导入文化知识,使学生了解中西文化差异,培养文化意识,提高翻译能力。

下面介绍两种常用的文化导入方法。

(一)比较法

在英语翻译教学中,教师可以对英汉两种文化进行比较,使跨文化能力与英语运用能力有机结合,使学生不仅学习英语语言知识,而且逐渐吸收语言背后的文化知识,培养文化敏感性。

(二)专题讲座法

对于学生在翻译中遇到的一些文化难题,教师可以进行分析和总结,邀请专家或外教开展一些英美文化知识的专题讲座。专题讲座往往时间集中,涵盖大量的信息,这对学生跨文化交际中文化敏感性的培养与提升也很有帮助,使学生更全面地认识英语文化。

八、网络多媒体辅助法

随着科技的迅速发展,网络多媒体引入英语教学逐渐受到关注。网络多媒体辅助法在英语翻译教学中具有重要的意义。

在传统英语翻译教学中,教师占据课堂的主体地位,讲解居多,但是忽视了实践的意义。基于网络多媒体的英语翻译教学有效克服了传统翻译教学的缺点,使学生的学习从被动变为主动,成为意义的建构者和知识的探究者,从而提升翻译教学的效率。

在网络多媒体条件下,教师只要坐在网络多媒体的教室机前,即可快速地检索自己所需要的素材和信息,保证了教学的时效,且能够将课堂与社会结合起来。教师可以根据不同学生的水平和学习兴趣,将网络多媒体素材展现在学生面前。网络多媒体的监控功能可以让教师对学生的翻译学习情况进行监测,实现对学生一对一指导。

此外,网络多媒体技术还可以为教师提供多种检测和评估形式,学生可以对自己的翻译技能掌握情况进行检查,教师能够清晰地记录每一位学生的翻译情况。在学习过程中,如果学生遇到问题,可以通过网络与专家、教师或者其他学生寻求帮助或者进行交流,从而实现有效的合作与沟通。

网络多媒体辅助英语翻译教学,具体可以采取以下方式。

(一)建立翻译素材库

网络多媒体课件的制作仅仅依靠个别教师很难完成,教师自身的知识结构、时间资源等也很有限,因此新模式更强调资源共享、集体备课。

具体而言,在网络多媒体环境下,教师可以制作教学课件,建立翻译素材库。教师可以从具体的、大量的教学实践中归纳出理论,然后将这些理论上升为理性认识,反过来对实践进行指导。建立翻译素材库,要确保素材要与时势相符,是对当代社会各个层面的反映,难度要体现层次性。此外,教师也要发挥主观能动作用,注意对素材库进行扩充。

(二)扩大课堂信息量

课堂教学是有限的,这就需要利用校园网来扩大课堂信息量,弥补课堂教学的不足。

在信息技术背景下,为了弥补课时的不足,教师可以将课堂上未叙述详细的翻译模块放在网络上,让学生自主进行选择学习。

教师要有计划性地增大难度,加强学生对跨文化交际、英美文化的了解,开拓学生的眼界。学生通过校园网对中英文文章进行阅读,自行翻译,与优秀译文进行对比,逐渐提高翻译能力。

在具体的练习过程中,学生可以从自己的专业和兴趣出发:如果学生学的是新闻专业,可以选择新闻材料进行翻译练习;如果学生学的是法律专业,可以选择法律材料进行翻译练习。

(三)课堂教学充分利用网络多媒体

在翻译课堂教学前,教师设计的翻译教学模块可以利用声音、图片、动画等刺激学生的大脑,使学生难以理解的翻译理论更生动、有趣。

在具体的翻译课堂教学中,教师既要对英汉互译的技巧进行分析和总结,还需要补充相应的中西方文化知识,使学生能对翻译的基本常识得以系统掌握。

虽然这样的教学模式仍旧按照译例分析—课堂翻译—课后练习的方式,但在内容和形式上与传统的翻译教学存在不同。

(1)在内容层面,基于网络多媒体开展的翻译课堂教学是针对不同层次的学生展开的,在课堂上由教师指导和学生自主选择,有利于改善课堂

第九章　自主学习能力培养下的英语翻译教学法改革

教学的氛围。

（2）在形式层面，基于网络多媒体开展的翻译课堂教学不再是单调的板书形式，而是以多媒体形式呈现，既节省了时间，又便于分级教学。

第三节　提升英语翻译自主学习能力的策略

要培养和提高翻译能力，除了依靠课堂上教师的翻译知识讲解，还要学生自己积极地理解、学习和运用。自主学习是学生翻译学习的内在动力，也是学生翻译能力提高的基本保障，所以学生在学习翻译时应积极发挥自己的自主性。具体而言，学生可采用以下策略来提高自己的英语自主学习能力。

一、选择合适的学习策略

在英语翻译自主学习中，学生要选择合适的学习策略，以便有目的、有计划地提高学习效率。

（一）了解自身的实际情况与翻译能力

学生要了解的自己的实际情况，对自己的翻译能力有一个清楚的认知和判断。例如，自己的英语基础如何，翻译的薄弱点在哪里等，有针对性地制订学习策略。

英语基础较差的学生可以先学习单词与短语的翻译，如果语法学习方面存在困难，则可以重点关注语法的运用与翻译。

英语基础较好的学生则可以尝试阅读较难的英语原著，也可以在看英文电影时脱离字幕来翻译台词，从而进一步锻炼翻译能力。

（二）制订科学的学习计划

学生要为自己制订一个科学的学习计划，并根据计划有步骤、有规划地学习，具体学生可采用以下方法开展学习。

在学期开始前，学生可以综合自身情况来制订相应的学习计划，然后在目标的驱使和计划的督促下，努力高效地完成学习任务，最终使自身翻译能力得以提升。每一学期计划内的小计划应注意合理安排难度梯次，并注意科学分配时间。学期计划和学期计划之间应当各有侧重，难度逐步提升。

需要注意的是,学生在制订学习计划时切忌好高骛远,而是结合实际情况来选择。

(三)严格执行学习计划

学习计划制订完成之后,学生要严格执行。自觉性好的学生可以靠自我约束能力来实行自我监控,保证计划的执行。而自觉性较差的学生则需要借助外力,可以向教师或其他同学寻求监督。

在学习计划执行过程中,学生要注意反思前期的自主学习情况,及时地发现问题,并使问题得到及时解决。

二、掌握翻译策略

翻译的有效进行离不开翻译技巧的有效运用,因此学生也要自主地学习翻译策略。

归化和异化是翻译的两种常用策略。学生应根据具体语境,带着辩证的眼光灵活地运用这两种策略。

(一)归化

归化是"用符合目的语的文化传统和语言习惯的'最贴近自然对等'概念进行翻译,以实现功能对等或动态对等"[①]。例如:

Both of them always go Dutch at the restaurant.

原译:他俩在饭店一向去荷兰。

改译:他俩在饭店一向各付各的。

这句话如果直译则是:"他俩在饭店一向去荷兰。"这样的翻译让译语读者不知所云,go Dutch 在原文中是带有文化色彩的词语,荷兰人喜欢算账,无论和别人做什么事,都要同对方把账算得清清楚楚,因此逐渐形成了 let's go Dutch 的俗语。采用归化法使译文读起来比较地道和生动。

等改完了剧本,你再唱你的《西厢记》或再唱你的"陈世美"。

(影片《一声叹息》)

After finishing the script, you can play out you "Casablanca" thing.

采用归化进行翻译,译文显得更自然,用英语读者所熟悉的 Casablanca 进行表达,易于读者接受与理解。

——你做的菜真好吃!

[①] 武锐. 翻译理论探索[M]. 南京:东南大学出版社,2010:128.

第九章 自主学习能力培养下的英语翻译教学法改革

——哪里,哪里,几个家常小菜而已。

—What delicious food you've made!

—Thanks, I'm glad you like it.

在中国文化中,谦虚是一种美德,面对别人的赞许,常用避让的方式进行处理。而在西方文化中,面对别人的赞许,人们通常会欣然接受。所以,这里应该采用归化策略来译,提高跨文化交际的效率。

(二)异化

异化是以源语文化为导向的一种翻译策略,力求使译文更好地反映异域文化特性和语言风格,使译入语读者领略到"原汁原味"。

例如,一些词汇原本在汉语或英语的语言系统中是不存在的,后通过异化策略翻译,使一些具有浓郁异国文化特色的词语不断被不同文化背景的人们所接受,并广泛传播与运用。

英语:

kong fu 功夫

tou fu 豆腐

qi gong 气功

汉语:

酸葡萄 sour grapes

洗手间 wash hands

因特网 internet

再如:

The town's last remaining cinema went west last year and it's now a bingo palace.

这个城镇留存的最后一个电影院去年也倒闭了,现在它成了一个宾戈娱乐场。

在英语中,bingo 是西方国家为认识的人而设计的一种配对游戏,目的是使他们更快地认识来参加聚会的人。翻译时,对其可进行异化处理,运用音义结合翻译为"宾戈"游戏。

宝玉笑道:"古人云,'千金难买一笑',几把扇子,能值几何?"

(曹雪芹《红楼梦》)

"You know the ancient saying," put in Paoyu, "A thousand pieces of gold can hardly purchase a smile of a beautiful woman, and what are a few fans worth?"

(杨宪益、戴乃迭 译)

上例中的"千金难买一笑"进行了异化处理，使中国文化特色得以保留，可以帮助目的语读者导入中国的"异域风情"。

采用异化策略的优点在于打破各种文化差异所引起的沟通界限，有效维护文化的多样性。

三、加强师生合作

虽然学生的自主学习意识和学习能力有所增强，但自主学习并不意味着完完全全地靠自己学习，学生的认知能力和知识掌握程度与老师相比，仍然存在着一定差距，有时候对于翻译自主学习的重要性缺乏认识，这时需要老师进行适当的引导，让学生从思想上树立自主学习的观念；有时候遇到一些翻译上的问题，单纯靠自己可能没办法得到正确解决，这时需要老师进行及时的指导，通过一对一座谈、交流会等多元化的交流形式，为学生构建交流解疑的平台。

四、创建自主学习环境

学习环境对于学生的英语学习尤为重要，因此要注意构建利于英语语言学习的环境。

在课堂中，学生可以在教师的帮助下进行角色扮演和讨论活动，激发自主学习性，不仅活跃了课堂氛围，而且让学生在参与过程中学到翻译知识。

在课外，学生可以以小组的形式开展阅读和兴趣活动，并聚集在一起阅读书籍，观看电影或者是对某个同学遇到的翻译问题展开讨论。学习小组的建立，不仅形成了互帮互助的自主学习氛围，而且有利于培养学生的合作精神，使学生通过提升翻译能力，实现共同发展。

总之，英语翻译涉及范围广泛，翻译内容复杂，这就要求在英语翻译教学中，教师要从翻译的基础入手，向学生明确翻译能力与教学的内容，并遵循科学的教学原则，灵活采用教学方法，来培养学生的翻译能力。此外，学生要具备英语翻译自主学习能力，积极进行自主学习，提高翻译能力。

第十章 英语教学法的新发展与自主学习能力评估

随着时代的发展以及信息技术的进步,英语教学法也在不断革新,因此有必要将这些新的教学法引入英语教学中,提升英语教学的质量与效率。同时,教学评估是英语教学的一项重要组成部分,而传统的评估手段存在一些缺陷和弊端。基于此,围绕自主学习能力培养这一主题,有必要对自主学习能力展开评估。因此,本章就对这两个层面展开分析和探讨。

第一节 英语教学法的新发展

随着英语教学的改革,英语教学法也多种多样。为了符合社会对英语人才的新要求,有必要对教学法进行变革。当前,分级教学、个性化教学、网络教学、多媒体教学已经被应用于英语教学中。本节就对这几种新的教学法展开分析。

一、分级教学

分级教学是指"根据学生的英语水平,将学生分为不同层次,针对各层次的学生确定不同的培养目标,制订不同的教学计划、教学方案和管理制度等,在教学中充分体现因材施教的原则和层次性的特点,目的是让每位学生都能在各自的起点上取得进步"。[①]

随着英语教学改革的不断推进,分级教学成为英语教学改革的一种必然趋势。该教学法充分体现了以学生为主体的教学理念,对学生英语水平以及英语教学有效性的提高具有积极的促进作用。

(一)分级教学的概念

顾名思义,分级教学就是将学生分为不同的级别进行教学。在分级过

---

① 秦静.大学英语分级教学模式刍议[J].宜春学院学报,2010(2):159.

程中,教师需要按照不同的标准进行,如学生的英语学习水平和英语学习潜能等。

分级教学需要根据不同的教学目标、方案、内容、计划、方法、评估等因素进行设计,从而在教学过程中体现出一定的层次性与倾向性,使不同级别的学生都能在教学中得到一定的提升与进步。

值得提及的是,英语分级教学应该在因材施教、提高教学效果的基础上进行,教学要根据不同学生的实际情况进行划分,从而确定不同的培养目标、设计带有差异性的教学方案。这种分级性应该体现在教学的全部过程中,从而让不同水平的英语学生都能有所发展。

(二)分级教学的优势

1. 有利于师资的合理配备

分级教学有利于优化师资力量,使每位教师都有机会发挥自己的才华。一些具有丰富教学经验的教师比较擅长讲授基础的概念,可以将这些内容讲得生动、活泼,所以这些教师适合教初级班的学生。有的教师学术知识渊博,具备较强的授课能力,适合教授优化班的学生。

总之,由于分级教学在教学目标、教学计划、教学方法等诸多方面都有很大的不同,该教学法有利于学生公平竞争、学习,同时也可以使学生平等地享受符合自身特点的优质教学资源。

2. 有利于发展学生的个性

长期以来,我国英语教学主要采取"一刀切"的教学法,在这种教学法的引导下,学习成绩好的学生学习起来很轻松,有时可能会出现"吃不饱"的现象,而那些基础知识比较薄弱的学生则学习起来比较吃力,经常出现"消化不好"的现象,不利于激发学生学习英语的积极性与动机。

分级教学依据不同的级别来制订教学计划与教学方法,注重因材施教,因此可以有效地改变传统教学的弊端。在英语教学中实施分级教学,可以结合不同学生的发展程度,有针对性地制订教学计划,根据学生的英语水平,开展不同的教学内容与教学进度。该教学法可以帮助学生将学习英语的外在压力转化为内在学习动力,提高英语学习的效率,还能体现提倡学生自主学习的教学理念。

3. 有利于提高学生学习的积极性与教师教学的积极性

分级教学提倡因材施教的教育理念,同时隐含着优胜劣汰的竞争机

第十章　英语教学法的新发展与自主学习能力评估

制,这使学生产生一种危机感。在分级教学下,为了避免被淘汰,学生往往会发奋学习,争取进入高一级别的班级。这样有利于激发学生学习英语的积极性,同时也提高了学生学习英语的信心。

分级教学除了有利于提高学生学习的积极性之外,也有利于激发教师教学的积极性。与"一刀切"的教学法不同,分级教学需要考虑更多的内容,如学生的需求、基础水平等,在此基础上,教师根据学生的层次来制订教学目标与教学计划,激发不同层次学生学习的热情。采用分级教学的教师不需要考虑兼顾不全的问题,从而将注意力集中于教学内容中,而不是如何组织课堂教学,这样教师教学的积极性也会有相应的提升。

(三)分级教学的原则

1. 因材施教原则

分级教学应遵循因材施教原则,根据学生的差异因材施教地展开教育。每位学生都有自身的特点,这就要求教师在进分级教学时应充分考虑学生的个性差异,具体情况具体分析,做到因材施教。

2. 循序渐进原则

分科教学还应注意循序渐进地进行。学生的认识是一个逐步积累、由量变到质变的过程,只有坚持循序渐进地进行,才能更好地理解与掌握。分级教学就很好地体现了这一原则,既可以使教师根据学生的知识体系进行教学,又有利于教师选择适合学生的教学方法。

(四)分级教学的实施

1. 科学分级

在实施分级教学时,首先要做的是根据学生的英语基础水平与发展的潜力进行科学分级。具体可以将学生分为三个级别:一级、二级、三级。不同级别的学生比例依据"两头小,中间大"的原则来划分。

三级班的学生具备较高的英语基础水平与语言掌握能力。教师在教学中应注意进一步加强对学生听说能力的培养,在最后一个学期可开设诸如报纸文摘选读、英美文学等选修课,满足学生对英语学习的需求。

二级班的学生是基本掌握英语的语音与语法知识,但听说水平欠佳。教师在教学中可根据正常的教学进度,使学生的英语水平得到稳步提升。

三级班和二级班以外的学生就是一级班的学生,他们对英语语音、语

自主学习能力培养下的英语教学法改革新思路

法的掌握不那么扎实,教师在教学中应该适当降低教学的难度,注重对语音、语法、词汇当面的教学,从而夯实学生的英语基础。

2. 提高区分度

通常,分级是根据学生的高考成绩与摸底考试的分数而进行的。近年来,自主命题的方式在很多地方得到了运用,这样高考分不再是分级的唯一标准,而是分级的一个参考。再加上学生对摸底考试的重视程度有很大区别,因此摸底成绩难免会存在误差,据此进行的分级也就具有一定的偶然性。在实施分级的过程中,为了提高区分度,可以考虑实行双向选择。以高考成绩为参考,对学生进行摸底考试,同时要结合学生个人意愿,在分级之前做好分级教学的解释、安排工作,让学生根据自身情况申请级别,最终结果由学校审定。这样就使学生的被动选班变为自主择级,同时有利于调动学生学习的积极性。

3. 贯彻好升降调整机制

所谓升降调整机制,指的是"根据选拔和自愿的原则,在一定范围内定期调整学生的级别,使学生的级别随学习的兴趣、成绩、能力变化而变化"。分级之后安排进步的学生升级,安排退步的学生降级。通过采用升降调整机制,既可以激发学生学习的热情与积极性,又可以促进学生努力学习,积极进取。

采用分级教学,班级级别不同,教学内容、教学形式、教学进度等也存在诸多差异,这给升降调整机制的实行带来一定的困难。为了更好地解决这一问题,可以成立高级班,选拔英语较好的学生,同时作为实验班而固定下来,不实行升降机制。二级与一级之间实行升降机制,事前设定好升降级的比例与名额,每学期微调一次。这种做法科学合理,使不同级别紧密衔接起来。

4. 制订科学的评价标准

采用分级教学,还应注意制订科学的评价标准。为了更好地检测教学效果,对不同级别的学生进行测试,所采用的试卷难度应有所区别,确保所测成绩的合理性。

分级教学有其自身的优势,但也有一些问题。

(1)在分级教学法指导下,个别学生容易产生自卑心理,对英语学习的积极性不高。尤其是一级班的学生,他们可能会因为被安排到"低层次"班级而产生自暴自弃的想法。如果学生对课堂教学形式与学习氛围不满意,

第十章 英语教学法的新发展与自主学习能力评估

他们就会对学习失去兴趣,从而会影响教师的教学效果。

(2)在分级教学法指导下,英语教学班级中的学生来自不同专业、不同班级,这增加了对学生的管理、排课、考勤的难度。一旦管理操作方式出现了问题,就可能导致学生旷课、缺勤等情况的发生,影响教学效果。

(3)在分级教学法指导下,一些教师考虑到英语成绩不好的学生教学效果也会不高,这对学生对教师的考核评分会产生一定的影响,所以不愿承担一级班的课程,纷纷争抢二级班、三级班的课程。还有学校直接将有资历、教学能力强的教师安排到三级班,将资历浅或新教师安排到一级班,这必然会影响教师教学的积极性。

为了降低上述问题所造成的负面影响,就应积极探索完善的分级体制,制订科学合理的制度规范,提高教学的有效性。

二、个性化教学

不同的学生在心理特征、精神面貌方面各不相同。英语教学应充分尊重学生的个性化特征与身心发展的客观规律,对不同学生进行区别对待。个性化教学就是在该理念指导下的一种新的教学手段。个性化教学是在教学中根据不同个体的个性特点,选用不同的教学方法或途径,如可以是个别教学,可以是小组教学,也可以班级教学,还可以将集中教学形式穿插使用,从而达到预期的培养目标。在实施个性化教学的过程中,也应以教材为依托,以课堂为平台,这种教学手段与普通教学的区别是为教师与学生提供了更大的个性展示空间。个性化教学是顺应新的教学理念的体现,该教学法的实施对学生个性化发展以及素质教育的提高具有重要意义。

(一)个性化教学的概念

在教育研究界,"个别教学"与"个性化教学"的概念往往被混淆。个别教学的英文是 tutorial instruction,个性化教学的英文有 individualized instruction, individualized teaching, personalize instruction, personalized instruction, personalizing instruction 等。虽然这些词含义相近,但也存在一定的差异。在《个性化教学》(*Individualized Teaching*)一书中,阿兰对 individualized teaching 和 individualized instruction 两个术语做了区分。他认为,前者强调的是教学过程中师生之间的互动、学生与学生之间的互动以及学生与学习资源之间的互动;后者则是要求学生按照自己的学习进度安排学习任务,学生也可参与制订自己的学习日程。

通俗来讲,个性化教学是指教学中根据不同学生个体的特点,采用不同的教学方法和教学途径,从而达到预期的培养目标。这种教学法可以采用多种教学手段进行,如个别教学、小组教学等。

在具体的英语教学中,教师需要以教学目标为根据,依托于具体的教材,在课堂上完成教学任务。可以说,个性化教学是传统英语教学的延伸,也是一种改革与创新,对于学生个性的发展、素质的提高有着积极的推动作用。

(二)个性化教学的优势

1. 有利于提高学生的学习兴趣

个性化教学强调尊重学生主体,为学生的个性化发展提供机会与条件,使学生受到更多重视,在这一教学法的指导下,可以使学生注意力更集中,有利于提高学生的学习兴趣。与传统课堂教学不同,采用个性化教学,教学过程中重视师生、生生之间的互动,学生可以就遇到的问题提出质疑,教师及时解答,长此以往,对提高学生的学习兴趣十分有利。

2. 有利于创建平等和谐的教学课堂

个性化教学打破了传统教法的局限,注重学生的主体地位,尊重学生的意见,强调师生互动,给学生提供了表达个人意见的机会,这有利于营造和谐的课堂气氛,构建平等和谐的教学课堂。

3. 有利于个性化人才培养

在个性化教学中,学生的个性发展、职业规划以及社会需求紧密结合起来,符合当前知识经济、和谐社会需要的较高要求。在英语教学中,教师通过采用个性化教学,为学生营造对个性发展有利的学习环境,使学生充分展现自身的优势,为以后的职业发展做准备。

(三)个性化教学的要求

1. 教学理念的个性化

理念,即理想的观念,是人们不断追求的观念。个性化教学应确保教学理念的个性化。英语教学理念的个性化并非标准化的英语教学,而应是内涵丰富的、多元化的英语教学,是富有独特性的教学。

2. 教学目的的个性化

个性化教学还要求目的的个性化。英语教学的目的应是培养个性化

第十章　英语教学法的新发展与自主学习能力评估

的人才,而非标准化的人才,教学应致力于呈现学生个性生活活泼的一面,而不是千人一面,同时培养学生的创新意识与创新能力。

3. 教学内容的个性化

个性化教学在内容上的个体化主要体现为以下两点。

(1)个性的多样性与课程的选择性。根据个性的多样化,教师在英语教学中应尊重每一位学生的个性特征,以学生的学习方法与经验作为参考,塑造学生独特的知识、能力与价值观。英语教学应充分挖掘每一位学生的潜能,使学生的特长得到充分发挥,做到人尽其才。这就需要建立课程的选修制度,让学生根据个人情况自己选择,促进学生个性发展。

(2)主体的参与性与课程的生成性。学生可以积极地参与实践活动而获取知识的意义至关重要。教学活动与课程是学生个性发展的实践性活动。在课程教学中,学生只有亲自参与实践才能获取知识的意义。

就课程的生成而言,个性化教学应注意以下几个方面。

第一,如上所述,建立选修课程,发展学生的独特个性。

第二,英语教材应该从"一纲一本"向"一纲多本"转变,使教材满足不同学生个体的需要。

第三,课程知识应考虑学生的个性特点,可以通过图文并茂的形式来呈现知识,做到多元化。

第四,课程应该保证分化与统一,实现二者的紧密结合。

4. 教学方法的个性化

个性化教学还要做到方法的个性化,根据不同的学习对象与知识类型进行选择。具体可以考虑以下一些教学方法。

(1)有意义的发现学习。

(2)有意义的接受学习。

(3)情感体验学习。

(4)体悟—感悟—顿悟学习。

英语教师应熟悉和掌握相关方法的理论知识,并注意将理论运用于教学实践。

5. 教学形式的个性化

在英语教学过程中,教师难免会遇到一些问题,如教什么、如何教、如何实现教学目标等。这些问题主要由学生的意向、兴趣、能力、经验、需求等所决定。从学生层面来看,这种学习活动具有发生性,因此教学要注意做到教学形式的个性化。在具体的教学实践中,教师可以采取多种形式,如小组式、同伴式、合作学习、探究学习、自主学习等来完成教学。

6. 教学手段的个性化

个性化教学要求教学手段的个性化,主要设计教学中综合利用多种资源,如网络资源、计算机资源、社区资源、校园文化资源、广播电视资源等。这些资源对学生的个性化学习具有重要的辅助作用,充分利用这些资源,有利于促进学生全面自由地发展。

(四)个性化教学的原则

1. 尊重学生的个性发展

尊重学生的个性发展是开展个性化教学的首要原则。随着我国英语教学改革的不断发展和推进,教学工作对学生的素质教育是十分重视的。素质教育和学生的个性发展之间关系非常密切。在英语教学中,教师应该注意到个性化教学对学生个体素质的影响作用。一般来说,尊重学生的个性发展要做到如下几点。

(1)个性是素质教育的重要出发点。由于我国社会在不断发展,国与国之间的交往日益频繁,社会对英语人才的需求也逐渐加大。作为专门输送英语人才的渠道,英语教学如何才能在当前教育制度下培养出更多的人才,就成为当前英语教学的一大难题。

社会对人才需要的多样性仅仅依靠传统英语教学是很难完成的。个性化教学要求从学生的个性特点出发,展开教学工作,推动学生个性的发展。因此,英语教学必须尊重学生的主动精神和个性特征,将学生的智力与潜能开发出来,培养学生的个性,只有这样才能满足社会发展的需求,最终提升学生的素质。

(2)个性倾向性影响个体的素质发展。人的个性倾向会对个体的素质产生重大影响,也是人类活动的内驱力。个性倾向往往是个性发展中最为活跃的成分,对人们想要做什么以及追求什么起着决定性的作用,因此人对外界的态度和认知往往都能体现出个体性格的倾向。

具体而言,个性倾向主要包含动机、需求、态度、兴趣、理想、爱好、价值观、信仰等层面,这些个性化的因素会对学生个体的素质产生以下几个层面的影响。

第一,理想与信念是个体前进与发展的动力。无论是在学习上,还是在生活中,理想和信念都有助于推动学生的前进,促进学生采用积极的心

第十章　英语教学法的新发展与自主学习能力评估

态去追求自己的理想。这种积极性有着极大的推动作用,对理想与信念的达成有重大意义。

第二,动机是个体素质发展的正向刺激,能够激发学生采取行动。在学生英语素质发展的过程中,动机能够引发和强化学生的行动。

第三,需要是学生动机的诱因,有了动机的驱使,人类才会有更多付出的机会。在个性形成与发展过程中,个体的需要和动机都表现出明显的差异。个性化教学过程中需要个体的动机和需求,同时教师还需要将自身的引导作用发挥出来,让学生了解自身努力的方向和内在需求,从而引领学生实现英语素质上的进步。

第四,学生个体的兴趣和爱好也有助于将学生的求知欲激发出来,从而产生对事物探索的欲望。在这种欲望的驱使之下,人们会主动寻求答案。在英语学习过程中,有强烈求知欲的学生会有凸显的成绩。

2. 尊重学生的主体地位

学生是个性化教学的主体,所以在个性化教学中教师要尊重学生的主体地位。按照这一原则来展开教学,就要求教师在教学安排与设计上讲究以学生为本,与学生进行平等对话,并展开积极的合作。

尊重学生的主体地位能够让学生感受到自己受到了尊重,从而不断提升对英语学习的主动性和积极性,进而提升英语教学的效果。具体而言,教师在运用个性化教学中,尊重学生的主体地位主要表现为如下三点。

(1)让学生了解自身的主体地位,教学中要注重培养学生的自主学习能力、自我管理能力,引导他们主动地、积极地参与到自身的学习活动中,并教授给学生一些主动思考的技巧。

(2)在教学安排和设计上,应该将学生的实际特点考虑进去,在教学材料的选择和甄别上也应该从学生的自身爱好出发。

(3)英语教学的步骤也应该考虑学生的需求,教学活动应该以学生为中心,以学生的需求为依据。

尊重学生的主体地位是开展个性化教学的关键,教师只有充分将学生的个性差异发挥出来,才能不断提升学生的综合素质。

3. 尊重学生的自尊心

尊重学生的自尊心对于个性化教学的实施各有裨益。自尊心往往带有渗透性,对人类的行为模式产生直接影响。当一个人不具备自信心、自尊心时,并且对自己不了解的时候,就无法利用自己的情感、认知等进行学习、展开学习任务。

通过自尊,个体能够发出赞同或者反对的态度,从而表现出自身的意义、能力、价值等。在个性化教学的实施中,对学生自尊心的尊重对于教学和学习有着积极意义。具体而言,教师应该将学生自身的优势发挥出来,对于个体的缺点也要有包容的姿态,用肯定的、积极的态度展开教学工作,从而推动学生英语能力的提升。

(五)个性化教学的实施

1. 转变传统教学观念

教师是个性化教学的实施者。要想有效地实施个性化教学,教师首先应摒弃传统的教学观念,重新审视自己的角色,从而确立学生的主体地位。具体可从以下几个方面入手。

(1)除了注重教法,还不能忽视学法,只有将二者有机结合起来,才能提高课堂教学的有效性。

(2)转变传统的以教授为主的教学观念,教师应充当指导者的角色,突出学生的主体地位。

(3)加强师生之间、生生之间的交流,使课堂中的问题通过交流来得到有效解决。

2. 制订差异性目标

采用个性化教学要求教师在备课时根据学生在兴趣、思维、意识等方面的差异,在准确把握教材的基础上,制订出差异性的教学目标。

首先,教师应对以下两个方面展开分析。

(1)对每节课的教学内容进行分析,制订共同目标,确保每位学生都可以达到这一目标,同时确定本节课的扩展方向,为学有余力的学生制订更高级别的目标。

(2)对学生进行分析,了解每位学生特有的学习优势、学习类型,了解他们的不同需求以及不同特点。尤其应注意了解学习存在困难的学生的基础与本节课的起点所应具备的基础之间的差距,明确在目标实现过程中所需的帮助。只有确保课堂教学活动与教学方式灵活多样,才能激发更多学生积极参与到教学活动中去。

教师的教学设计中应具有共同的基础内容、预备内容以及扩展内容;有个人活动,也有小组活动;有实践性活动,也有创新性活动等。合理设置差异性目标,满足不同个性学生的不同需求,使不同学生都能体验到学习的乐趣,享受成功的喜悦,从而提高学习动力,促进英语学习。

第十章　英语教学法的新发展与自主学习能力评估

3. 发挥多媒体的优势

兴趣是最好的老师,学生对语言是否有兴趣对语言学习效果有很大的影响。实施个性化教学,可以将多媒体引入英语教学,从而激发学生对英语的兴趣。将多媒体与个性化教学结合起来的方式有很多,如可以让学生给英文短剧配音,可以让学生观看原声英文电影等,从而激发学生学习英语的积极性,同时有利于充分体现学生的主体性,使学生个性发展空间得到扩展。

4. 建立有效的个性化评价体系

个性化教学强调评价对于教学过程的意义。个性化教学要求教师在进行评价时,应尊重学生个体的差异,同时要根据学生的基础与个性的改变而做出相应的调整。此外,在评价过程中,教师应注意坚持激励性原则,充分发掘每位学生的个性潜能。

个性化教学具有传统的授课式的教学所不能比拟的优点。将个性化教学融入英语教学中,充分发挥学生的主体作用,采取不同方法来激发学生的学习兴趣,不仅有利于提高学生的自主学习能力,还有利于提升英语教学的整体质量。

三、网络教学

网络教学是 CALL 的一种类型,但是其又有自身独特的特点。早期的 CALL 实际上是一种程序化的学习,计算机只是为学习者提供了进行学习、操练、游戏或测试的场所,因此人机之间的互动是单调的、封闭的。而网络教学则为学习者提供了一个开放的学习环境,学习者可以在相互连接的网络世界中随时随地与教师、同学进行沟通,实现了人与人之间的互动。

(一)网络教学的概念

关于网络教学的定义,不同的学者有不同的看法。

卡恩(Khan)认为,网络教育有利于创建优良的学习环境。

克拉克(Clark,1996)认为,网络教育有利于个别化和个性化学习。

科恩等人(Kern et al.,2005)则指出,网络教育不是一种新的方法,它是学习者参与网络交际、理解和建构在线文字材料和多媒体文档的一系列方法。

我国学者柳栋从广义与狭义两个角度阐述了自己对"网络教育"的理

解。他认为,广义上的网络教育指的是"在过程中运用了网络技术的教学活动"。狭义上的网络教育是指"将网络技术作为构成新型学习生态环境的有机因素,充分体现学习者的主体地位,以探究学习作为主要学习方式的教学活动"。[①]

(二)网络教学的优势

1. 教学资源丰富性

网络教学极大地丰富了英语教学的信息资源。语言的学习不仅涉及输入部分,还涉及输出部分。其中,输入部分包含听力与阅读,但是在网络技术下,其输入部分主要是以电子载体为特征呈现,具有丰富性,如电视、DVD、电影等。这些都为学习者提供了独立选择语料的广阔天地,为自主学习创造了更多的条件。电子资源不仅在数量上是丰富的、应有尽有的,在质量上也实现了"零时差",即教学内容不再是陈旧老化,也不再是单一匮乏的。

另外,在网络环境下,教师与其他同学这些学习资源也有了新的概念,他们不再局限于学校、班级这一框架内,开始迈入了国际的界限内。因此,学习者就可以从这些学习资源中扩展自己的知识和技能,实现良好的语言交际。

2. 教学手段灵活性

网络技术使英语教学变得更直观、便利、灵活和有效。一般来说,英语教学中常用的教育技术有电声技术、光学技术、语言实验室技术、影视技术、网络技术、计算机技术等。幻灯片、投影灯在英语教学中的运用有助于教师呈现文字、图像等信息,对解说重点与难点、看图说话等有着重要作用。广播、录音等技术是英语教学中应用最早且最广泛的技术,它们成为听力与口语教学与训练的必备。电影、电视等技术的发展不仅提升了学习者英语学习的兴趣和积极性,也为学习者生动地展现语言学习的文化背景等。可见,网络教学的教学手段更具灵活性。

3. 网络环境更真实

网络教学的环境更具有真实性。英语学习本身是一个实践性很强的

[①] 转引自张红玲等. 网络外语教学理论与设计[M]. 上海:上海外语教育出版社,2010:9.

第十章　英语教学法的新发展与自主学习能力评估

学习活动,如果离开了实践活动,那么学习英语就会非常困难。很多学者也指出,二语习得需要让学习者尽可能地接触目的语,让其浸泡在目的语的氛围中来感知目的语,从而有助于其更好地学习和运用语言。因此,通过网络技术,可以更好地呈现真实的教学内容,其将文字、声音、图像等结合在一起,便于学习者对语言的理解和掌握。

4. 学习信息选择性

在传统教学中,教师经验占据重要地位,教材、参考书等作为参考资源,学习者并没有多余的选择空间。但是,自由选择是学习者进行自主学习的关键和前提。在网络环境下,学习者不能被那些仅有的信息源牵制,需要在广泛的网络信息源中寻找丰富的学习资料。在网络资源中,学习者可以根据自身情况来设计、安排学习,从而使自己成为学习的主体。在网络学习中,学生能够从信息的接受、表达与传播的集合中,获得一种成就感,进而激发自己的自主性和学习积极性。[1]

5. 教学管理便利性

当前,全国很多高等院校在不断扩大规模,因此需要投入大量人力、物力、资金等来建立语言实验室。但是,这仍旧不能满足学生的需要。网络教学能够使任何一台电脑与学校的网络建立起联系,从而实现与学校资源的共享。事实上,这跨越了时间、空间的限制,使学生能够随时随地地学习英语,也满足了学生的学习需求,减少了资源的浪费。因此,学校对于教师和学生的管理也就更加便利了。

此外,在进行教学管理时,教师也需要发挥作用。教师可以将自己的优秀教案传到网上,让学生进行选择阅读和使用。同时,教师可以进行在线点播,将真实的授课内容分配给各个站点,让更多学生受益。事实上,这缓解了教师短缺的情况,也便于教师对大班学生的管理。

6. 学习任务协作性

网络教学还体现了学习任务的协作性。早在1930年,很多学者指出协作学习有助于提升学习者的学习效率。从近几年的研究中发现,协作学习要比个别化学习、课堂讲授有更大的优势。协作学习的实质是让一些学习者合作完成某项任务,如果在任务中遇到问题时可以协作解决,学习者在对知识的建构中不断与同伴协调、沟通与合作,从而共同完成学习任务,

---

[1] 牛红卫. 网络教学特点与模式探讨[J]. 中国成人教育,2006(7):133.

也共同承担最后的结果。通过协作学习,学习者对知识会产生更深层次的认知,并逐渐构筑成符合自己的学习方式。①

(三)网络教学的原则

1. 时空同步原则

如前所述,言语信息与视觉信息的呈现要比两者分散形式更有优势。换句话说,相关的言语信息与视觉信息是出现在同一时空,而不是分散的或分别的,因此会更有利于学习者接受和理解教学内容。例如,学习者在了解自行车打气筒的工作原理时,如果一边听声音解说,一边观看动画演示就能够很容易让他们了解和把握。甚至,梅耶也指出这一学习效果能够提高50%。这就是所谓的"时空同步效应"。在这一环境下,相关的言语信息与视觉信息需要同步进入工作记忆区,便于二者建立联系。

2. 注意分配原则

在网络环境下,言语的呈现需要通过听觉信道,而不是视觉信道。例如,学习者通过听解说、看动画来了解材料内容。当解说词与动画都以视觉形式呈现时,学习者不仅要对动画信息加以注意,还需要对文字信息进行关注,因此会导致视觉负担加重,造成部分信息的丢失。但是,当文本信息和图像信息分别以听觉、视觉呈现,学习者可以在听觉工作记忆区加工言语表征,而在视觉工作记忆区加工图表征,这就大大减轻了学习者的视觉负担,从而均衡分配,利于学习者对信息的理解和接受。因此,英语网络教学还需要坚持注意分配原则。

3. 个体差异原则

与基础好的学习者相比,如上两条原则对于基础差的学习者更有效;与形象思维差的学习者相比,上述两条原则对形象思维好的学习者更有效。因此,这些效应的产生都与学习者的个体差异有密切关系。英语网络教学应该坚持个体差异原则,注意区分学习者的原有基础知识能力及形象思维能力,使不同差异的学习者都能够实现最好的言语与图像的结合,从而获取所需英语知识。

---

① 敖冰峰,杨扬. 关于多媒体网络教学的研究[J]. 应用能源技术,2006(9):48

第十章　英语教学法的新发展与自主学习能力评估

4. 紧凑型原则

英语网络教学需要坚持紧凑型原则,这样有助于言语信息与图像信息的应用。在网络环境下,学习者接受短小精悍的言语信息和图像信息,其学习效果更好。这就是所谓的"多余信息效应"。

(四)网络教学的模式

1. 基于问题的教学模式

所谓基于问题的教学模式,是指将英语教学或英语学习置于有意义的、复杂的问题情境中,通过让学生解决实际的、复杂的问题,来学习隐含于问题中语言技能、要点及文化,从而建构自己解决问题的能力。

在基于问题的教学模式下,应该注意教师、学生与问题这三个要素之间的特点和关系,作为学生初始的动力和挑战,必须有明确的界定,并且具有足够的吸引力来促使学生来解决问题。同时,基于问题的教学模式还有助于建立学习动机,并建立起后续学习的联系和需要。作为主动解决问题者,学生需要积极主动地参与、完全投入到英语学习之中,积极地进行知识构建。作为指导者和促进者,教师需要对问题进行设计,积极有效地激发、鼓励学生进行思考,使他们持续参与其中。

基于问题的教学模式主要由五个环节组成,即确定问题、分析问题、解决问题、结果展示、学习评价。在这一过程中,教师往往占据着帮助、促进、指导的作用。在具体的实施中,基于问题的教学模式主要分为以下五个阶段。

(1)创设情境与提出问题。根据实际的教学要求和内容,教师要利用网络技术提出问题,创建具体的学习任务。一般而言,提出的问题需要符合如下几点要求:具有相应的问题情境描述,引发学生的学习兴趣;明确问题导向,要清楚学习重点,并且有清晰的实施过程;难度适宜,以原有的综合性知识作为前提,从而探究新的知识。另外,学生在问题提出的基础上,从学习重点出发,对任务进行进一步的细化。

(2)界定问题和分析问题。明确问题之后,学生需要根据自己的理解和把握来对问题进行界定和分析。然后,在分析的基础上确定问题的重点——问题的本质,形成小组,对任务进行分工,从而找出可能的行动方案和建议。

(3)探究问题和解决问题。确定学习任务的分配后,要运用多种途径来收集信息,并对收集的信息进行整体、分析和归类。另外,学生之间应该相互合作与交流,逐渐形成解决问题的方案。

(4)分工合作和完成任务。各小组成员根据分工的要求,完成各自的任务,并运用网络形式展开如何解决问题的过程和结果。

(5)任务评价和结果反馈。小组成员对他们完成任务的成果进行共享,同时进行自我评价与小组间评价。评价主要针对的是任务完成情况中各个成员的表现。之后,教师需要对这些评价进行总结和反馈,为学生提出以后努力的方向。

2. 小组协作教学模式

小组协作教学模式与传统的计算机辅助个别化教学存在明显的差异,因为个别化教学更加注重人机之间的互动,而小组协作学习强调的是通过利用计算机,来实现同伴间的互动。简单来说,小组协作教学是以一种团队或小组的形式,组织学生之间相互进行协作,从而实现既定的目标。

在网络环境下,学生可以突破时空的限制,进行小组讨论、小组练习、同伴辅助等协作性学习活动。一般来说,小组协作教学模式主要包含如下几种。

(1)竞争。所谓竞争,是指两个及其以上学生在网络上,针对某一相同的情景或者学习内容进行学习,从而考察谁能够率先完成学习目标。这与比赛有相似之处。在这种竞争关系下,学生往往会集中自己的注意力,努力获取胜利,从而获取更为显著的学习成果。该学习形式由如下几个步骤构成。

第一,由网络学习平台给予学习目标或者问题,并为学生提供相应的学习信息。

第二,学生自主选择竞争对手,双方确定好竞争的协议,开始进入学习目标的达成和问题的解决中。

第三,双方可以看到对方的状态,从而不断对自己的学习策略进行调整,直至完成学习任务。

竞争这一学习形式能够推动学生的学习动力,提高自己的学习效率和质量,但是其也有明显的缺点,即竞争双方很难控制原有的水平差异以及问题的难易程度。

(2)角色扮演。所谓角色扮演,是指学生通过扮演不同的角色,来保证学习任务的完成。一般来说,角色扮演有两个层面:一是师生角色扮演;二是情景角色扮演。

第一,师生角色扮演。这一形式是让学生不仅扮演学习者的身份,还扮演指导者的身份,学习者负责回答问题,展开学习;指导者负责解答、检

第十章　英语教学法的新发展与自主学习能力评估

查、评价。当然,在具体的学习任务中,学生可以不断变换自己的角色。

第二,情景角色扮演。这一形式是要求很多学生按照学习主题的情景,扮演不同的角色,从而营造一种真实的情景氛围。这一形式会给学生身临其境之感,更好地体验和理解主题内容,从而实现该主题意义的建构。

角色扮演这一形式可以有效培养和锻炼学生的综合语言应用能力,但是其也存在着缺点,即学生很难衡量自己对任务的知识差距。

(3)协同合作。所谓协同合作,是指多名学生共同承担某一学习任务。在学习过程中,每一名学生都可以选择适合自己的学习形式和方法,与他人展开合作,从而实现相互依赖和帮助。在协同合作中,学生逐渐形成自己对内容的感悟,运用集体的力量来保证学习任务的达成。

协同合作这一形式可以有效发挥每一位学生的长处,并锻炼他们的团队合作精神,但是也存在着明显的缺点,即学生之间相互协调可能比较难以处理。

(4)小组评价。所谓小组评价,是指学生运用自己的体验与实践来对学习成果展开评价,并通过评价来展开下一步的学习。在这一形式中,最重要的一个层面是让学生学会评价,尤其是在网络环境下,学生既要对小组成员的学习展开评价,又要对整体学习情况展开评价。但是,无论是何种评价,学生都需要转变自己的观念,从以教师为中心的评价转向以学生为中心的评价,这种评价具有互动合作的特点。在评价的内容上,不仅涉及学术层面的内容,还涉及文化及社交层面的内容。但是,教师需要让学生明确一点,就是评价不仅仅只能依靠教师,还需要充分鼓励学生积极参与其中。

(5)问题解决。所谓问题解决,是指学生通过解决问题来展开学习的形式。这一形式实际上属于任务型学习,即遵循了"提出问题—分析问题—解决问题"的模式。一般来说,对问题进行确定是非常关键的步骤,其间需要进行周密的考虑。当然,设定的问题具有多样性,但是一定要符合英语教学的规律及学生自身的兴趣和需求。在对问题进行分析时,需要做好规划,明确小组内成员的分工。在解决问题时,小组内成员要相互合作与促进,从而灵活、综合地解决问题。

3. 网络探究教学模式

网络探究教学模式是由 Web 与 Quest 两个名词组成的,前者的含义为"网络",后者的含义为"探索、寻找"。作为一种对学习活动进行探究的具体形式,网络探究教学模式主要是建立在互联网强大信息资源的基础上,来训练学生的探究能力。在网络探究教学中,教师最大限度地运用网络资源来发现外语教学中的未知问题,探究解决问题的方法,让学生学会建构知识。

网络探究教学的目的是让学生充分利用时间,使用信息并帮助学生对各种信息资源进行分析与综合。因此,按照学习探究时间,网络探究教学模式可以分为两种:短期网络探究教学模式与长期网络探究教学模式。前者强调对知识的整合和获取,学生获取一定量的信息之后会主动建构知识,该模式大多都可以运用于日常英语教学。后者强调对知识进行提炼和扩展,学生通常需要就某一特定任务和课题来进行有计划的分析和信息重组,该模式一般持续时间较长,适用于小组课题研究。

对于网络探究教学模式的设计,一般需要做到如下几点。

(1)寻找合适的网站。在该模式中,教师帮助学生寻找合适的网站具有重要意义。这是因为,合适的网站能够为学生提供恰当的学习材料,使课堂学习得到进一步的延伸。在寻找合适的网站中,教师需要注意如下三点:熟练运用搜索引擎,如 Baidu,Google 等;深度挖掘网页信息;善于对已发现的优秀网站进行收藏。

(2)协调组织学生和学习资源。在网络探究教学模式中,协调组织学生和学习资源是最重要的部分和内容,需要多加重视。具体而言,教师需要做到如下几点。

第一,组织好学生,即网络探究教学应该与和谐的小组学习环境有关,从而将学生很好地协调起来。协调和组织学生应包括角色协调、积极互动、协作互助、分工负责等。

第二,学习资源的合理安排和有效组织。网络上的资源是非常丰富的,因此如何对这些资源进行组织是非常重要的,也是需要关注的。一般而言,对学习资源进行优化有两种情况:一是硬件的缺乏;二是软件的应用。如果教学中没有足够的电脑设备,那么教师应该采取恰当的措施来弥补;也可以在硬件条件下按照一定比例来对学习中心进行设置,让学生轮流使用。在软件的应用上,教师应尽可能地让学生了解各种与外语学习相关的网站,这样他们才能对各种软件进行灵活运用。

(3)激发学生的思考。在网络探究学习中,需要激发学生的思考,这可以从以下几点做起。

第一,使任务更具挑战性。任务的设计和选择需要考虑任务完成的难易程度,这种程度不仅体现在学生对任务的理解程度,还体现在学生对问题的解决能力、判断能力、创新能力。

第二,使任务更具真实性。任务设计需要与现实生活接近,尤其是任务的主题需要从社会实践活动中来,同时还需要确保任务活动具有可操作

第十章　英语教学法的新发展与自主学习能力评估

性,使学生能够学会应用于现实生活的语言技能。

第三,使任务更具全面性。任务的设计需要考虑全面,通过任务,学生能够学会全面地看待问题,提升学生解决不同问题的能力。

(五)网络教学的实施

1. 分析教学目标

要想实施网络教学,首先对教学目标进行分析,对学习内容进行确定,从而提出与本课、本单元相关的教学目标,确定主题组织教学。英语是一门实践性强的课程,根据语言发展的内在规律,英语听、说、读、写、译是彼此紧密相连的。其中听与读是语言输入的过程,而说、写、译是语言输出的过程。因此,学生应该从自己的实际情况出发,对完成教学目标的手段进行构思,通过具体的实践来完成教学目标。

需要注意的是,教师提出教学目标的难度应该建立在大多数学生的基础上,并且需要具有层次性,从而对不同程度的学生都能够适应。另外,教师还应该指导学生将一些大任务做细化处理,从而保证学生能够分步进行。

2. 创设真实情境

根据建构主义学习理论,学习总是与社会情境紧密联系的。在实际的情境中,学生可以利用自己的固有知识和经验对新知识进行同化和索引,从而将这些新知识赋予某种意义。但是,如果固有的知识和经验不能对新知识进行同化,那么就需要引起"顺应"的过程,即对原有认知结构加以重组和改造。总之,通过"同化"与"顺应"才能更好地完成新知识的建构。

但是,由于学习个体不同,其认知特点也必然存在差异。教师应该帮助学生对自身的记忆、思维能力、经验、知觉、情感等进行分析,找出与学生相匹配的认知结构,用最符合他们的外部刺激来推动他们的认知同化和顺应。

就当前来说,DDN 专网、卫星网、有线电视网、IP 宽带网等都成了信息传输的平台,其中 IP 宽带网 还开发了 E-mail 答疑管理系统,从而有助于实现非实时的自主学习,调动学生的所有感官,使他们更加形象、透彻地获取知识,也可以帮助学生朝着个性化、自主式学习的方向发展。可见,创设多样化的情境,有助于学生选择任意学习情境,从而更好地实现知识的正迁移。

3. 实行自主学习

根据当代的英语学习理论,学生在学习过程中有着重要的决定意义,即主要是为了培养学生独立思考以及全面发展的能力。在网络环境下,学习被认为是自发地与外界进行交互的产物,这样的学习并不是死板的学习,而是积极地从所发生的事件中寻找意义创造的过程,是一种自主性的行为。在这一过程中,学生从自己的学习水平和能力出发,努力寻找与自己相符合的学习目标、学习方法、学习内容,从而确定一套合适的评价标准。这样做的目的是扩大学生的自由空间,解决不同学生个体的差异性,使每一位学生都可以发挥自己的潜能。换句话说,教学对象要从客体向主体过渡,教材、语言本身、教学方法都属于客体部分,而学生是主体部分。通过网络手段的引入,学生可以有更多的弹性时间和环境,随时随地都可以展开学习,并且能够得到多种辅助材料的帮助,从而实现学生与网络资源之间的实时的和非实时的交流。当学生遇到问题时,网络也可以及时对其答疑解惑。

4. 实行协作学习

由于知识建构具有复杂性,个人对从自己的经验建构的外部世界存在着不同的理解,也必然存在着某些局限的地方。只有通过意义进行协调和共享,才能保证个体的理解更加丰富和准确。可见,协作贯穿于整个学习过程,会话是协作过程中最重要的环节。学生在内容丰富的情境中进行合作和对话,通过协商自己的见解,从而实现他们对新知识的共享和构建。

在网络环境下,会话是实现意义构建的最好的手段之一,学生通过在线交流或者实时的文字交流,进行协作学习,使得每一位学生都能够获取自己想要的知识,实现知识的共享。虽然理解是属于个人的,很难实现共享,但是可以通过与他人交流来不断对自己的理解进行修正,使理解更具有客观性。

学生与网络资源的提供者之间是一种动态的交互过程。学生既可以通过对网络站点的访问实现在线学习,也可以通过文献检索等方式来获取自己的所需,从而最终获取知识。在师生之间的协作中,教师可以为学生提供帮助,学生可以为教师提供信息反馈。在情境中,教师不仅仅是组织者,也是参与者,他们既可以实现如电子黑板式的同步协作学习,也可以实现如 E-mail 式的异步协作学习。此外,协作学习也可以超越两个人,在有组织的情况下进行。

第十章　英语教学法的新发展与自主学习能力评估

5. 进行意义建构

学习过程建构的最终目标就是意义建构。其所需要建构的意义主要涉及知识或学习主题等意义,即包含事物的规律、本质等之间的内在关系。在意义建构的环节中,学生需要根据自己的学习表现,对信息采取不同的形式来形成自己的研究成果和体会,并且以视听媒体、文字材料、多媒体课件等形式传达出来,以进行总结评价。这样做的目的主要是让学生处于一个真实的情境之中,产生符合自己的学习需求,并通过彼此间的协作,再加上学生自己的亲身体验和探索,从而实现意义的建构。简单来说,意义建构是让学生从自己的真实生活出发,逐渐学会独立认识问题、提出问题、解决问题的一种有效途径,有助于从整体上提升学生的素质。

随着科技的发展,网络技术为英语教学开辟了新的天地,优化了英语教学的资源与环境,促进了学生的学习效果和效率。英语网络教学代表着先进的理念和手段,其所构建的英语教学环境也具有了全球化、信息化与个性化的特色,为大学英语教学模式的开展奠定了坚实的基础。

四、多媒体教学

随着现代信息技术的发展,将多媒体融入英语教学中已经不是一个新兴的话题。但是不得不说,多媒体技术的融入使英语教学迅猛发展,并渗透到英语教学的各个领域。

(一)多媒体教学的概念

"多媒体"这一术语源自于 20 世纪 60 年代,是从 multimedia 这一英文单词翻译而来的。最初,多媒体是指两个及两个以上的媒体组合成一个简单的系统,其材料是通过各种感官通道来进行交流的。[1] 现如今,随着计算机技术、通信技术的迅猛发展,多媒体的定义也逐渐深化和拓展。很多国内外专家、学者从不同的角度对多媒体进行了界定,归纳起来主要有如下几种。

首先,对于用户而言,多媒体是一种以计算机作为控制媒介的技术。

其次,对于创作群体来说,多媒体可以用于创作多种多媒体产品和软件系统。

---

[1] 王琦. 信息技术环境下的外语教学研究[M]. 北京:中国社会科学出版社,2006:140.

最后,对于技术人员来说,多媒体是一系列软件与硬件的集合。

基于用户的角度,一些学者给予了多媒体明确的定义。主要有如下几个。

(1)多媒体是集合两种及两种以上应用功能的计算机技术,这些应用功能可以是静态的,也可以是动态的。

(2)多媒体是集合文字、图形、音频、视频、动画为一体,而计算机是使这些媒体之间联系的胶水。

(3)多媒体是建立在传统计算机功能的基础上,即包含文字、图形、图像、逻辑分析等,与音频、视频以及为了创建与表达知识的交互式应用之间相结合的产物。

正是由于多媒体基于从用户的角度考虑的特点,因此其应用于英语教学也是考虑用户的问题,更多研究的是多媒体的技术和功能。

多媒体系统主要由两部分构成:软件系统与硬件系统。其中前者包含媒体播放软件、DVD软件等;后者包含扫描仪、摄像机、打印机、DVD驱动等。与一般计算机软件相比,多媒体系统信息种类更多、数据存储量更大。

通过对多媒体以及多媒体系统的分析可知,多媒体教学是指运用多媒体的手段展开英语教学,目的是与当前的英语教学改革趋势相符。在英语多媒体教学中,教师的任务并不是决定选择何种媒体,而是将重心置于教法的选择与课程设计层面。基于这一认识,教师在英语教学中应发挥多媒体技术的优势,从而推动着英语教学的不断进步。

(二)多媒体教学的优势

1. 信息媒体多样性

多媒体交互中信息媒体的多样性主要体现在以下两个方面。

首先,体现在信息的输入方面。人类在输入信息,也就是在接收来自外界的信息时主要通过五种感官,即视觉、听觉、触觉、嗅觉和味觉。其中,人类从外部获取信息的大部分,约有70%~80%是通过视觉获得的,约有10%的信息量是通过听觉获取的,剩下的10%左右的信息量是通过触觉、嗅觉和味觉综合获取的。多媒体技术含有多样的信息媒体,能够在学习的同时对学生提供多种感官的刺激,丰富语言输入的内容,加强语言输入的有效性。

其次,信息媒体的多样性还体现在信息的输出方面,主要集中在视觉和听觉上。多媒体教学中包含了对信息进行变换、加工和组合等处理功能,从而大大增强了信息的表现力。

第十章　英语教学法的新发展与自主学习能力评估

2. 信息处理集成性

信息处理的集成性是指在多媒体教学中,信息通过多通道统一组织和存储,各种信息媒体是一个统一的整体,不再相互分离,单独进行加工和处理。这种对多种信息媒体进行综合处理的形式使人们对信息的集成处理更加便利,也使教育更加生动活泼。关于多媒体设备的集成,从硬件上来说包含:能够处理多媒体信息的高速并行的 CPU 系统;大容量内存和外存;具有多媒体信息输入输出能力的外设;具有足够带宽的通信信道和通信网络接口。从软件上来说包含:集成化的多媒体操作系统;用于多媒体信息管理的软件系统;用于多媒体信息管理的创作工具和应用软件。

3. 学习模式多元化

多媒体教学改变了传统教育单一的教师授课方式,学习者的学习模式具有多元性。例如,教师可以利用多媒体技术进行远程教学,满足学生的个性化学习需求,根据学生不同的学习特点进行个别辅导。个别化教学是防止两极分化最有效的途径。

多媒体教学能充分发挥学习的积极性和主动性,提高他们学习的成功性。这是因为,在多媒体环境下,计算机"扮演"教师的角色,公平、公正地对待每一位学生,学生在这种轻松、生动、有趣、和谐,声、图、文、动并存的学习环境中积极发挥自身潜能,敢于冒险,大胆尝试,获得成就感。多媒体教育真正实现了"寓教于乐"。

4. 学习过程互动性

所谓互动性,指的是将人的活动作为一种媒介来进行信息传播,无论是发出者,还是接收者,都可以参与其中,且他们都可以进行控制和编辑。多媒体技术的互动性特征有助于帮助学习者发挥自己的主观能动性,增加自己对信息的理解和注意。很明显,这比传统的教学模式更加实用。

在多媒体技术环境下,教师可以人为地变更语言学习顺序,对句型进行随机操练,做到因材施教。另外,学习者也可以主动检索,查找自己关心和感兴趣的内容和话题。

(三)多媒体教学的原则

1. 目的性原则

多媒体教学的实施首先要有目的性,这是最基本的教学原则。利用多媒体辅助外语教学的主要目的是实现教学过程的最优化。因此,教师可以从宏观和微观两个角度确立多媒体教学的目的。

首先,从宏观意义上说,教师应对《教学大纲》或《英语课程标准》中规定的中学英语教学的总体要求有清晰的认识,同时明确这两个纲领性文件对中学生语言能力的整体要求和培养目标。

其次,从微观意义上说,教师对每一次外语教学活动都要有明确的教学目的,根据有关教学大纲的要求和学生的实际情况,有目的性和针对性地对教学内容和媒体资源进行筛选、更新和补充,同时结合多媒体教学的优势,充分调动学生的各种感官系统,提高他们的学习效率,以实现预期的教学目标。

2. 以学生为中心原则

语言学习的目的是运用语言进行交际,而语言应用能力的获得则需要学生大量的语言实践。因此,在多媒体外语教学中应以学生为中心,为他们的语言学习活动提供环境支持。例如,学生通过自主学习,自我发现问题,自我解决问题,在人机交互中进一步激发潜能,提高语言能力。在遇到困难时,除了向教师和同学寻求帮助外,还可以通过人机对话寻找解决问题的办法。此外,多媒体技术还能及时了解和分析学生的学习情况,教师通过反馈信息对教学进度进行适当的调节,对提高外语教学的效果有积极的意义。

3. 情景与交际性原则

情景与交际性原则也是多媒体外语教学需要遵循的重要原则之一,这是由语言教学的性质决定的。语言能力不仅仅指的是丰富的语言知识积累,更重要的是语言的运用和交际能力。这就要求外语教学要重视真实的语言情景。

多媒体外语教学在创设情景方面具有很大的优势,在语言教学的听、说、读、写等各个方面都有重要的作用,不仅能够使学习者在真实或半真实(即模拟)的语境中不断练习和使用所学语言知识及技能,还能够在无形之中培养学生的跨文化意识,了解文化间的差异和共性,从而提高语言运用能力。

4. 立体输入认知原则

多媒体教学十分关注学生的认知差异,注重培养学生的认知策略,遵循立体输入认知原则。多媒体技术为学习者的语言学习提供了全方位、多

第十章　英语教学法的新发展与自主学习能力评估

感官的信息输入,使学习者在一个立体的语言学习环境中逐渐提高自身的语言水平和交际能力。多媒体辅助外语教学使用多种多样的信息媒体,灵活、有效的教学方法,立体交叉的训练方式,在多维教学目标的指导下,多方面地培养学生的语言能力,实现了外语教学过程的最优化。

(四)多媒体教学的模式

1. 训练和练习

在教学中,有些知识、技能需要经过大量的训练和练习才能得以巩固和掌握。训练和练习类型的软件就是通过运用计算机来出题,学生通过人机交互,将自己认为正确的答案输入进去,然后由计算机来判断对错。如果错误,计算机给出错误的提示或者给予正确答案。

2. 教学演示

教学演示是运用计算机,将其文字、图像、声音等功能充分地发挥出来,对一些教学过程进行演示,来解决教学中其他手段和方法很难解决的重难点问题。教学演示模式可以实现大小转换、快慢转换、抽象具体转换等,从而更深刻、形象地将事物的本质反映出来,帮助学生正确理解和掌握相关的概念和理论。

3. 题库

由于计算机的存储量大,并且具有判断功能,可以在计算机上建立专门的一系列课程题库,当然除了存储题目之外,其还可以对一些问题的答案、知识的类型等进行存储。当使用者使用题库时,他们需要提出自己的要求,然后计算机会自动从题库中进行抽取所需,然后构成试卷。答题者也是在计算机上进行,或者也可以打印出来纸质书写。如果在计算机上进行,答题结束后可以自行阅卷,并对学生的成绩进行记录。这种软件可以大大减轻教师的工作量,也使得考试更向标准化的方向发展。

4. 个别辅导

个别辅导这一类型是计算机作为一名家庭教师,一对一地对学生进行指导,从某一概念引入,到讲解、复习、巩固等都是计算机的陪同,通过人机互动而完成学习任务。这一软件主要用于学生进行自主学习和补课,也更加适用于学生某一偏科的情况。

5. 问题求解

运用计算机语言编写出解决某学科重难点的程序,通过这些程序来帮助学生解决日常学习中的问题。这些程序可能是已经编制好的通用程序,也可能是学生自己编制的,但都是为了帮助学生解决问题。

6. 模拟

模拟又可以称为"仿真",用于学生在学习新知识时,辅以感性经验,为法则、概念和知识的运用提供了一个仿真的环境。这种类型的模拟可以让学生体会到真实生活中无法看到或体验到的现象和实验,如情境教学模式就是其最好的体现。

7. 综合控制

综合控制是以计算机为中心,对多种现代教育工具起着控制作用,如电影、录像、投影器、录音机等,从而构筑成综合的教学效果。这就是现代所说的多媒体技术。

8. 教学游戏

教学游戏是操作者运用计算机,构建一种竞争学习环境,游戏的内容与教学目标有着必然练习,它们将教学性、科学性、趣味性等集合成一个整体,从而让学生感受到学习的乐趣,愿意调动自己的积极性而投注于学习之中。

(五)多媒体教学的实施

1. 利用多媒体创造学生运用语言的情景

英语教学的主要目的在于培养学生的英语运用能力,这就需要通过大量的实践来实现。最好的实践方法是将学生置于真实的语言环境中练习和使用英语,但我国学生是在汉语环境下学习英语,缺乏真实的语言环境,这必然会对学生的英语学习产生影响。而多媒体技术可以设计与教学内容相关的、图文并茂的、生动活泼的情景,使学生可以在真实的语言环境中学习英语,可促使学生英语运用能力得到有效提高。

2. 突出学生的学习主体地位

学生是学习的主体,所以教师在教学中有必要充分发挥学生的能动性。多媒体技术的应用为调动学生的学习积极性,发挥他们的主体作用提

第十章　英语教学法的新发展与自主学习能力评估

供了条件。通过多媒体,学生可以进行虚拟课堂讨论,可以进行角色扮演,可以开展游戏等,在此过程中学生会积极地参与学习。此外,学生还可以通过浩瀚的网络资源来查找核实的英语阅读材料,可以专项训练听力能力,还可以与外国人进行交谈等。这些都能够激发学生的积极性,突出学生的主体地位。

3. 因材施教,鼓励个性发展

每位学生都有着各自的特点,在具体的教学中教师很难真正做到因材施教。多媒体技术评价自身的特点与优点,不仅能为学生的个性发展提供巨大空间,也使得因材施教成为可能。首先,多媒体教学能够解放学生,使学生摆脱传统教学中的束缚,拉近了师生之间的距离,便于教师对学生的学习加以指导。其次,多媒体教学改善了传统教学的枯燥感,多样化的人机互动方式使得学生更加有乐趣。总体而言,在多媒体教学中,学生的学习兴趣更容易被激发,而且学生可以根据自己的基础以及教师和计算机测试后提出的建议,选择适合自己的学习策略。

4. 培养学生良好的学习行为,为终身学习打下基础

在英语教学中运用多媒体,为学生创造了更多的实践机会,学生之间的交互作用加强。鉴于多媒体教学的特点和优势,教师应充分利用多媒体技术,使每个学生积极参与,主动交流,相互吸收,进而有效地培养学生的协作精神与合作能力。

此外,现在社会已进入信息时代,任何人要想跟上时代发展的步伐,就要不断学习新的技能,要达到这一目的,就要进行终身学习。而多媒体为终身学生的实施提供了巨大便利。在英语教学中,教师应充分利用多媒体技术,为学生创造尽量自由、自主的空间,鼓励学生运用多媒体进行自主学习,进而培养学生的自主学习能力和终身学习的理念。

5. 营造文化氛围

众所周知,语言的使用是不能脱离一定的社会背景的。建构主义认为,人是知识的建构者和积极探索者,知识的建构需要人与环境的交互。创设情境是建构意义的必然前提,尤其是真实情境的创建。教师应该创设信息丰富的环境,为学生提供更为真实的语言情境和语言信息输入,使学生能够真实、自然地学习语言。多媒体技术的发展为建构主义学习理论的推行和实施创设了良好的环境。

多媒体有着信息容量大、传输量大和效率高的特点,所以在教学中运

用多媒体技术能够使信息展示更具模态化,能在单位的时间内为学生提供更高容量的学习资源。这不仅是英语文化输入的重要途径,而且学生可以置身于真实的情境中,能够亲身体验英语文化,增强对英语文化的认识和理解,这对丰富学生的文化知识、提高学生的文化素养十分有利。

第二节　英语自主学习能力评估

教学评估直接影响到学生自主学习的学习动机和学习态度。传统评估方法存在很多弊端,不能有效地激发学生学习的积极性和保持学习的持久性。因此,一些新型评估方式——自我评估、同伴评估、网络多媒体评估逐渐引起人们的重视。本节就对自主学习导向下的大学英语教学新型评估方法展开探讨。

一、学习者自我评估

江庆心(2006)认为,"对学习过程和学习效果进行有效的自主检测与评估,是学生适时调整其自主学习各环节的必要前提,是提高自主学习效果的必要手段。"当然,自我评估并不意味着教师作用的减少,相反,在自主学习的过程中学生更需要教师的指导和鼓励,教师需要积极参与学生的学习过程,尊重学生的学习需求与个性,适时地给予学生激励,注重培养学生的自主学习能力。总之,通过实现教、学、评三者的有机结合,培养学生的自我评估能力和自我反思能力,进而提高学生的自主学习能力,帮助学生成长为善于终身学习的学生,体现素质教育的要求。

(一)自我评估的概念

自我评估(self-assessment)这一概念源于以学生为中心的理念,这一评估手段为学生提供了学习成果的反馈,因此是自主学习不可或缺的一项重要方式。

所谓自我评估,是指学生参与到自身学习过程的评估与判断之中,尤其是对学习成果与成就的评估与判断。

自我评估要求学生应该对自己的学习策略、学习成果等进行定期的回顾,对自己的学习进度进行检测。根据信息反馈的结果,学生要对下一阶段的学习进行调整。

当学生知道自身的学习目标与当前情况的差距后,他们会更加努力,

第十章　英语教学法的新发展与自主学习能力评估

调整自己的学习进度、学习方式,使自己的学习更加有效,也会使得自己变得更加自律。

自我评估的运用并不仅仅出现在自主学习中。

学者奥斯卡松(Oscarson,2002)对自我评估的优点进行了详细的罗列。①

(1)有助于促进学生的学习。

(2)有助于提升学生的自我意识。

(3)有助于扩大评估的范畴。

(4)有助于让学生对自己的学习目的有清楚的把握。

(5)有助于减轻教师的教学负担。

(6)有助于学生课后的自我学习。

著名学者亨利·霍莱克(Henry Holec,1980)指出,自我评估在语言学习中非常重要,并且在整个评估过程中占有一席之地。自我评估在整个日常的英语学习活动中都有所体现。在教学中,教师与学生扮演着不同的角色,并通过这些不同的角色,承担着对语言学习任务进行评估的责任。学生自主决定评估的时间、内容、方法等,并根据评估结果,对自己目前的学习情况做出调整。而教师应该侧重于学生独立学习意识的培养,并为学生的自我评估提供帮助,给予学生心理上的辅助。

阿法里(AlFally,2004)认为,这种学生自评或学生互评的方式,使得学习气氛更加活跃,使得学习环境更具有挑战性,也使得课堂更加以学生为中心。②

(二)自我评估的意义

德国著名作家约翰·保罗(John Paul)曾说:"一个人真正伟大之处,就在于他能够认识自己。"这句话的意思是说,如果一个人能够正确地、全面地评估自己,那么就能够扬长避短,更好地完善自己。这就是自我评估的意义。具体而言,其表现为如下几点。

1. 有助于提高英语自主学习的兴趣

学者塔拉斯(Taras)等人的研究表明,自我评估有助于提升学生自主学习的积极性。具体来说,自我评估可以为学生的英语自主学习提供信

---

① 转引自刘建达. 学生英文写作能力的自我评估[J]. 现代外语,2002(3):241-249.

② AlFally, I. The role of some selected psychological and personality traits of the rater in the accuracy of self-and peer assessment [J]. *System*, 2004(3):407-425.

息,通过自我评估,学生可以发现自己的优缺点,从而真正地了解自身的英语学习情况。在英语学习中,学生的角色也从被动的接受者转变成主动的学习者。同时,英语学习的目的也从对考试的机械应付转变成自身交际能力的提升。

2. 有助于淡化传统评估的消极作用

自我评估有助于淡化传统评估手段的消极作用。例如,在传统的英语写作教学评估中,学生获取的反馈信息往往是教师指出的词汇、语法错误,并且呈现的方式为成绩,因此学生也只会关注这些词汇错误与语法错误,对于其他错误忽略不计。但是,一篇好的文章不仅需要词汇、语法知识,还需要语篇知识、写作规范等,这些是写作的重要构成成分,忽略任何一项都不能保证写作的完美。另外,在传统的评估手段中,教师的反馈与学生期望之间存在着较大差距。自我评估可以为学生提供全面的信息,尤其是语言能力较弱的一些学生会受到低分数的挫败感,然而在自我评估中,低分者可以看到自己的优点从而受到鼓励。[1]

3. 有助于教师提高教学效果

一方面,通过自我评估,教师可以对学生在英语学习中需要改进的地方、学生存在的问题有清楚的了解,从而给予学生有针对性的指导。

另一方面,如果自我评估能够被应用于英语学习中,就能在一定程度上减轻学生的学习负担,从而让他们将更多的时间集中于下一步的学习上。

(三)自我评估的方法

近些年,随着自主学习与学习性评估的呼声越来越高,学生的自我评估备受关注。很多研究者对其进行研究并提出了一些具体的方法。下面就来介绍几种常见的方法。

1. 学习档案评估

学习档案评估法是当前应用较为广泛的评估方法。所谓学习档案评估法,是指对学生个体的各种信息进行收集。一般来说,其收集的内容具有多样性与动态性。

---

[1] 柴小莉. 培训对中国大学生英语写作自我评估能力的影响[D]. 兰州:兰州大学,2011:5.

第十章　英语教学法的新发展与自主学习能力评估

学习档案积累的材料代表的不仅仅是结果,而是学习过程与学习活动,其包含选择学习内容、比较学习过程、进行目标设置等。[①] 学习档案评估可以有效提高学生的自主学习能力,其主要包括以下内容。[②]

(1)自主设置目标。自主设置目标可以引导学生更为积极主动。目标是由学生自己设置的,这对于他们开展自主学习非常有利。[③]

目标设置是否具体,会对学生的学习动机产生影响。根据研究发现,设置近期学习目标的学生要比设置远期学习目标的学生的自主学习动机更为强烈。这是因为,近期的学习目标一旦设定,会更加明显地体现为学生某些层面的进步,为学生下一步的学习指明具体的方向,同时也更容易让学生根据目标,检测自己的学习活动与学习过程。当然,设置的近期目标也不能太低,否则会影响学生的进步。

(2)自我评估报告。自我评估报告是学习档案的一项重要组成部分。自我评估的对象可以是学生学习行为的进展情况,也可以是学习行为的总体表现,或者是学习阶段的总结,这些都是自我评估的内容。学生学习档案的这一功能有助于促进自我反思,从而有助于学生进行自我评估。帮助教师对学生进行了解,这是传统评估方式无法做到的。例如,学生在分析自己阶段性学习情况时,撰写自我评估报告可以参照如下几个问题。

第一,近期英语水平是否有所提高?体现在哪些方面?

第二,在自主学习过程中,遇到的主要困难是什么?如何克服的?

第三,在下阶段的学习中,将会面临哪些挑战?如何迎接?

在进行自我评估的过程中,学生可以评估自己某一方面的表现或者某一项任务的表现。教师在学生自我评估的过程中,可以为其提供一些评估标准。学生参与各项语言任务评估的过程也是一个学习的过程,学生可以参考一定的评估标准,对自己的语言任务与具体表现展开评估,然后通过反思,提升自身的语言技能。

(3)学习相关因素自我评估。自我评估除了对学习过程中知识技能掌握情况进行评估,还可以对学习过程中的情感因素展开评估,如学习态度、学习动机、学习风格等。这些方面的自我评估可以采取问卷形式。在教师的

---

① 罗少茜.英语课堂教学形成性评估研究[M].北京:外语教学与研究出版社,2003:38.

② 刘梦雪.通过自我评估训练促进自主式英语学习的实证研究[J].疯狂英语(教师版),2009(4):54-57.

③ 庞维国.自主学习——学与教的原理和策略[M].上海:华东师范大学出版社,2003:55.

指导下,学生填写相应的问卷调查,积极主动地了解自身学习过程中的相关因素,对自己的学习策略展开调整,从而提升自身的学习动机与学习意识。

除上述内容外,学习档案中还可以包含如下内容。

(1)每周学生需要的英语资料。

(2)语法知识资料。

(3)教师测试的成绩记录。

(4)其他学习记录或者个人自主学习资料。

2. 自我评估表

自我评估表(self-evaluation questionnaire)的设计可以采用量规(rubric)方式,也可以采用问卷调查表的形式。

(1)量规。量规是一种结构化的定量评估标准,其往往是从与评估目标相关的多个方面详细规定评级指标,具有操作性好、准确性高的特点。

在评估学生的学习时,运用量规可以有效降低评估的主观随意性,可以由教师评,也可以让学生自评或同伴互评。如果事先公布量规,还可以对学生学习起到导向作用。此外,让学生学习自己制定量规也是很重要的一个评估方法。

(2)问卷调查。问卷调查是通过提问题,让学生根据自己的实际情况进行判断,并做出回答。问卷调查表可以帮助学生通过回答预先设计好的问题来产生某种感悟,从而促使他们对自己的学习过程和学习结果进行重新审视和修改,提高他们的自主学习能力。

二、同伴评估

20世纪初,查尔斯·霍顿·库利提出,与他人交往和互动对儿童自我概念发展起着重要的作用。儿童的自我概念是通过"镜映过程"形成的"镜像自我",把别人对自己的反映当作"镜子",儿童通过它来认识和评估自己,可见别人对待儿童的态度和方式,影响其自我评估的发展。个体自我概念的形成,外界对其的评估起着重要的作用。主体对自身的评估是借助于他人的评估而实现的,马克思说:"在某种意义上,人很像商品……人起初是以别人来反映自己的。"①

实际上,个体自身对于他人的评估活动和他人对个体自身的评估活动是交织在一起的。个体自身借助于对他人的评估活动而实现的自我评估

---

① 陈新汉. 自我评估活动论纲[J]. 北京师范大学学报(社会科学版),2007(1):100.

第十章　英语教学法的新发展与自主学习能力评估

活动,与个体自身借助于他人对个体自身评估活动为参照系而实现的自我评估活动是不同的。个体自我评估活动和他人对个体自身的评估活动联结在一起,两者相互映照、彼此补充。为此,主体要以他人对自身的评估活动为参考系,辩证地对待二者之间的关系。

开放性的评估才能实现客观的自我评估。自我评估过程中应摒弃个体评估的主观随意性,这样评估才更有客观性、科学性和针对性。

同伴相互评估有其年龄、心理特点优势,学生之间的感情真挚,年龄相仿,沟通也很容易。既有利于激发学生英语自主学习的兴趣,也会增强学生提高英语能力的信心。

同伴评估的作用是显而易见的,一方面减轻了教师繁重的教学工作;另一方面,还有利于学生间形成良好的竞争氛围,从而形成英语自主学习的动力,切磋弥补缺陷。学生只有在群体的开放、相互交流的状态中,才会发现其与其他学生之间的差异和距离。一旦体现出差异和距离,就可激发竞争意识和相互学习的意识,取他人之长,补己之短,激发其改变自身落后的局面。

三、网络多媒体评估

随着网络多媒体在大学英语教学中的运用,在大学英语教学评估中,网络多媒体评估法也是非常好的评估方式,而且对于评估学生的自主学习非常有效与方便。

(一)网络多媒体评估的概念

在对网络多媒体英语教学评估展开界定之前,首先需要明确以下三个问题。

(1)网络多媒体英语教学评估的理念是什么?理念不同,其评估的出发点也不一样,从而会对教学评估标准的建立产生影响。基于网络多媒体的大学英语教学评估是建立在建构主义理论的基础上,因此其出发点首先是学生,重点在于过程评估和全方位评估。网络多媒体英语教学评估的一切活动都是围绕是否有利于学生这一问题展开的。简单来说,其评估的理念就是以学生为中心,这是该评估首先需要遵循的原则。

(2)网络多媒体教学评估与传统英语教学评估有什么不同?与传统英语教学评估相比,网络多媒体英语教学评估有两个特点。首先,评估的方法不同,主要表现在信息收集和处理的手段不同。由于网络多媒体技术的融入,其评估的信息更具有全面性和便捷性,各种新型的评估方法为评活动注入了新的活力。其次，网络多媒体教学评估更具有及时性和灵活性。网络多媒体教学系统可以根据评估结果来进行及时的更新，对教学调整也更具有灵活性。但是，由于网络多媒体教学的师资力量不足，因此其实际的效果并不能让人非常满意。

(3)在英语教学评估中，网络多媒体技术发挥到何种程度的作用才能被称为网络多媒体教学评估？当前，开设网络多媒体英语教学平台一般不包含教学评估这一层面，而教学评估仍旧由教师来进行，这一点上与传统英语教学评估并没有多大区别，就导致网络多媒体技术在大学英语教学评估中并没有发挥充分的作用，因此也就不能算是网络多媒体英语教学的有效评估。

一般情况下，理想状态下的网络多媒体教学评估应该以计算机、网络作为支撑，其信息处理与收集等环节都应该由计算机完成。但是，就当前的网络多媒体教学评估来说，其仍旧以教师为主体，因此只能看作网络多媒体教学评估的初级阶段，这是立足于现实来说的。随着需求的增长以及英语教学的发展，网络多媒体大学英语教学评估已经是教学评估的必然趋势。

综上所述，就过程观的角度来说，再加上我国网络多媒体教学的实际情况，作者可以将网络多媒体教学评估定义为：以计算机、网络等技术作为支撑，为了促进学生的学习，对与网络多媒体教学相关的一切要素进行收集与处理，并根据一定的教学目标、教学评估标准，对收集和处理结果进行科学评判的一项活动。

(二)网络多媒体评估的意义

网络多媒体教学是网络多媒体技术与现代教育理论相结合的产物。而为了使网络多媒体技术能够更好地为大学英语教学服务，在进行计算机的装备时，必须要了解如下几个问题。

(1)解决网络多媒体教学的信息资源问题。
(2)解决网络多媒体教学的课程改革问题。
(3)解决网络多媒体教学中师资力量的培训问题。
(4)及时对网络多媒体教学进行评估。

因此，网络多媒体大学英语教学评估有着重大意义，是当前网络多媒体教学的重要组成部分。

首先，网络多媒体大学英语教学评估能够监控学生的学习、保证学生的学习质量、促进学生的发展。根据学生在学习活动中的各种表现，对其学习过程、态度、效果等进行评估，有助于为学生调节、计划、指引、暗示等

第十章　英语教学法的新发展与自主学习能力评估

方面的学习提供支持。根据评估的结果，教师能够更有效地指导学生的英语学习，对自己学习中的不足进行弥补，最大限度地将学生的潜能挖掘出来。

其次，网络多媒体大学英语教学评估还有助于促进教师的专业发展。这是因为，教师评估的目的主要是对教师工作现实和潜在价值做出判断。

（三）网络多媒体评估的方法

在自主学习导向下，网络多媒体评估的方法主要有自我评估、同伴评估以及作品集学习评估法。由于前面两项已做了论述，这里仅就作品集学习评估法展开分析和探讨。

按照大学英语教学评估的类型来说，作品集学习评估法属于形成性评估，即教师对学生及学生一段时间的自主学习情况进行评估，如让他们完成系统的工作、记录自己的学习日志等。从评估的目的、依据来说，这一评估方式是真实的、可靠的。

作品集评估法主要有以下几个特点。

(1) 基于明确的目标。

(2) 反映了学生的学习进展情况。

(3) 是学生学习项目、学习情况、代表作品等的集合。

(4) 可以看出学生是否有所进步。

(5) 跨越了一个教学时间段。

(6) 便于反馈与反思，有助于提升学生的自主学习水平。

(7) 用途广泛，且具有灵活性。

对于学生而言，使用作品集评估法能够体现出学生的学习态度、学习过程、学习进度等基本情况，这从其他评估中是很难看到的。同时，学生对评估目标、评估内容非常明确，可以清晰地把握自己的学习任务，从而督促自己的英语学习。也就是说，作品集评估法有助于调动学生的兴趣和积极性，使他们对自己负责，更好地自主学习。

对于教师而言，作品集评估法有助于教师更好地设定教学任务，从而创造出更好的学习气氛。而对于网络多媒体大学英语教学而言，作品集评估法与其说是一种方法，不如说是一种新的观念，其可以帮助大学英语教学法走出原有的困境，到达一个新的高度。

要想实施作品集评估法，需要从如下十个步骤入手。

1. 确定作品集的内容

作品集的内容就是网络多媒体大学英语教学的内容，自然是英语教学目的的反映。在网络多媒体环境下的大学英语教学中,教学目的包含语言知识、语言技能、文化知识等层面,因此评估中使用的作品集,能够反映出学生为了实现这一目的,而不断增长的知识与技能,以及任务完成的实际情况等。也就是说,作品集的内容取决于教师、学生、教学目的等多个因素。

2. 确定作品的形式

对学习过程、学习效果确定的方式有很多,除了进行标准化评估外,还可以通过档案袋、学习日志等形式。这些形式可以是口头形式,也可以是书面形式。当然,不同的评估内容,其选择的方式也必然不同。

3. 确定评估的标准

传统的标准化测试的最大优点在于:标准明确,容易进行评估,而其他评估手段主观性较强,很难做到可靠性。正是因为如此,随着近些年研究的深入,一些非标准化的测试手段诞生,这些测试手段主要是针对态度、能力等项目来说的。教师从学生的表现程度出发来评定,可以设定四个标准:优秀、很好、一般、差。

4. 确定时间计划

与传统大学英语评估方式不同,作品集学习评估法是从学期开始到结束,其包含很多内容与形式,因此在学期开始时,教师应该引导学生确定自身的学习计划。学生在与教师确定各个项目的形式、标准等的过程中,必然就是其中的参与者,他们不仅对自己的学习任务有清晰的把握,还因为之前参与了任务形式、标准等层面的确定,因此做起来会得心应手。

5. 学生按照计划完成学习任务

评估活动不仅可以出现在课内,还可以出现在课外。例如,出现在课内的评估活动有介绍、演讲等;出现在课外的评估活动有社会实践、调查研究等。但是,无论是课内的评估,还是课外的评估,都需要考虑具体的计划,按照计划逐一开展。

6. 教师对学生予以指导

虽然确定了评估形式、评估内容,但是教师也不能完全不管,完全让学生自己完成。

由于每一项评估都涉及语言知识与技能,因此教师需要引导学生对每一项学习任务的目的有清楚的了解与把握,并且多次重申评估标准。在这

第十章　英语教学法的新发展与自主学习能力评估

样的引导下,学生才能把握大学英语自主学习的关键点,采用具体的方法,实现教学目标。

7. 教师与学生进行面谈

当学生在开展学习任务时,教师可以与学生进行面对面交谈,清楚地了解与把握学生的学习进度,并回答学生在学习过程中的一切问题。只有这样,才能符合当前教学中的一大重要原则——因材施教。

当教师与学生面对面交谈时,可以随意说出自己的所想与所做,教师也需要将自己的亲身体验传达给学生。

另外,通过交流,教师可以对学生的学习情况有清楚的了解,指出他们学习中的问题,为他们进一步的学习做铺垫。

8. 根据评估表,学生进行自评

当学期结束之后,学生完成了作品集之后,教师就需要将评估表给学生,让学生根据自己情况来填写。

通过评估,教师和学生都可以了解自身的学习情况,对比自己之前的学习情况,反思自己的学习过程,发现自己的不足,为以后的学习付出更多努力。

9. 交换作品集,学生间互评

网络多媒体环境下的大学英语教学对于学生间的相互学习非常推崇。通过学习与阅读他人作品,学生对他人的学习情况有清楚的了解,也能够明确自身与他人的差距,从而取长补短。

10. 教师对作品集进行终评

事实上,在整个学期,教师都在对学生的学习情况进行评估,因为每一次学习活动、每一部作品,教师都需要进行审阅。当学期结束之后,教师还需要对学生之前的情况展开综合评估,当然是在参照同学评估、自评的基础上开展的。

综上所述,作品集学习评估法是一个人性化、用途广泛的评估方法,符合以学生为中心的理念,适用于学生英语学习的各个阶段。

参考文献

[1][日]佐藤正夫著,钟启泉译.教学原理[M].北京:教育科学出版社,2001.

[2]都建颖.第二语言习得理论入门[M].武汉:华中科技大学出版社,2013.

[3]冯莉.大学英语语法教学理论与实践[M].长春:吉林出版集团有限责任公司,2009.

[4]高华丽.翻译教学研究:理论与实践[M].杭州:浙江大学出版社,2008.

[5]顾曰国.英语教学法[M].北京:外语教学与研究出版社,1998.

[6]何广铿.英语教学法教程:理论与实践[M].广州:暨南大学出版社,2011.

[7]何广铿.英语教学法基础[M].广州:暨南大学出版社,2001.

[8]何少庆.英语教学策略理论与实践运用[M].杭州:浙江大学出版社,2010.

[9]胡春洞.英语教学法[M].北京:高等教育出版社,1990.

[10]教育部高等教育司.大学英语课程教学要求[M].北京:外语教学与研究出版社,2007.

[11]剧锦霞,倪娜,于晓红.大学英语教学法新论[M].北京:中国书籍出版社,2013.

[12]夸美纽斯著,傅任敢译.大教学论[M].北京:教育科学出版社,1999.

[13]李森,张家军,王天平.有效教学新论[M].广州:广州教育出版社,2010.

[14]廖美珍.语言学教程(修订版)精读精解[M].成都:西南交通大学出版社,2009.

[15]林立,王之江.人本主义活动在英语教学中的应用[M].北京:首都师范大学出版社,2005.

[16]鲁子问,康淑敏.英语教学方法与策略[M].上海:华东师范大学出版社,2008.

[17]鲁子问.英语教学论[M].上海:华东师范大学出版社,2009.

[18]罗少茜.英语课堂教学形成性评估研究[M].北京:外语教学与研究出版社,2003.

[19]穆雷.中国翻译教学研究[M].上海:上海外语教育出版社,2004.

[20]庞维国.自主学习——学与教的原理和策略[M].上海:华东师范大学出版社,2003.

[21]谭顶良.学习风格论[M].南京:江苏教育出版社,1995.

[22]王德春.普通语言学[M].上海:上海外语教育出版社,2011.

[23]王笃勤.英语教学策略论[M].北京:外语教学与研究出版社,2002.

[24]王芬.高职高专英语词汇教学研究[M].上海:上海交通大学出版社,2012.

[25]王鹤.教育信息化背景下的大学英语自主学习探索[M].北京:经济管理出版社,2016.

[26]王琦.信息技术环境下的外语教学研究[M].北京:中国社会科学出版社,2006.

[27]王蔷,程晓堂等.英语教学法教程(第二版)[M].北京:高等教育出版社,2006.

[28]武锐.翻译理论探索[M].南京:东南大学出版社,2010.

[29]魏朝夕.大学英语文化主题教学探索与实践[M].北京:中国农业科学技术出版社,2010.

[30]肖礼全.英语教学方法论[M].北京:外语教学与研究出版社,2009.

[31]萧承慎.教学法三讲[M].福州:福建教育出版社,2009.

[32]许天福,虞小梅,孙万彪.现代英语语音学[M].西安:陕西人民出版社,1985.

[33]许智坚.计算机辅助英语教学[M].厦门:厦门大学出版社,2015.

[34]严明.大学英语翻译教学理论与实践[M].长春:吉林出版集团有限责任公司,2009.

[35]严明.大学英语自主学习能力培养教程(第二版)[M].哈尔滨:黑龙江大学出版社,2007.

[36]杨丰宁.英汉语言比较与翻译[M].天津:天津大学出版社,2006.

[37]张红玲等.网络外语教学理论与设计[M].上海:上海外语教育出版社,2010.

[38]张鑫.英语教学的理论与实践[M].北京:知识产权出版社,2012.

[39]周文娟.大数据时代外语教育理念与方法的探索与发现[M].上海:上海交通大学出版社,2014.

[40]庄智象.我国翻译专业建设:问题与对策[M].上海:上海外语教育

出版社,2007.

[41]艾晓慧.基于新课标下的高中地理课堂学习学生自我评价研究——以深圳市西乡中学为例[D].西安:陕西师范大学,2012.

[42]柴小莉.培训对中国大学生英语写作自我评估能力的影响[D].兰州:兰州大学,2011.

[43]陈艳君.基于本土视角的中国英语教学法研究[D].长沙:湖南师范大学,2015.

[44]何薇.英语词汇教学研究——以贵阳学院为例[D].重庆:西南大学,2009.

[45]黄慧.建构主义视角下的大学英语语法教学研究[D].上海:上海外国语大学,2007.

[46]蒋旭霞.中学生写作自我评价的研究[D].金华:浙江师范大学,2007.

[47]林敏.小学六年级学生自我评价影响因素的研究[D].福州:福建师范大学,2004.

[48]牟必聪.翻转课堂理念下高中英语词汇教学的设计与实践[D].上海:华东师范大学,2018.

[49]宋璐.基于心理学的网络教学系统人机交互研究[D].北京:北京邮电大学,2015.

[50]孙锐欣.元音的实验和计算研究——以上海方言元音为例[D].上海:复旦大学,2008.

[51]陶健敏.汉英语作为第二语言的教学法体系对比研究[D].上海:华东师范大学,2007.

[52]杨莹子.克拉申语言监控理论对小学英语教学的启示[D].上海:上海师范大学,2009.

[53]敖冰峰,杨扬.关于多媒体网络教学的研究[J].应用能源技术,2006(9).

[54]曹春,孟茜.浅析英语教学法与相关学科的关系[J].长春理工大学学报(社会科学版),2005(1).

[55]陈新汉.自我评价活动论纲[J].北京师范大学学报(社会科学版),2007(1).

[56]郭淑英,赵琼.大学英语自主学习学生自我评估调查研究[J].黄石理工学院学报,2008(1).

[57]胡继渊,沈正元,张玉昆.中外学习风格研究现状综述[J].外语中小学教育,1999(3).

[58]刘建达.学生英文写作能力的自我评估[J].现代外语,2002(3).

[59]刘梦雪.通过自我评估训练促进自主式英语学习的实证研究[J].疯狂英语(教师版),2009(4).

[60]楼荷英.自我评估同辈评估与培养自主学习能力之间的关系[J].外语教学,2005(4).

[61]穆婷.语篇意识与英语翻译教学[J].上海理工大学学报,2006(1).

[62]牛红卫.网络教学特点与模式探讨[J].中国成人教育,2006(7).

[63]秦静.大学英语分级教学模式刍议[J].宜春学院学报,2010(2).

[64]秦娟娟.大学英语口语教学的现状研究[J].校园英语,2018(29).

[65]田洋洋,田娟娟.英语语音训练和自主学习能力的培养[J].安徽水利水电职业技术学院学报,2009(1).

[66]肖君.英语词汇教学中文化差异现象浅析[J].四川教育学院学报,2007(5).

[67]张建芳.激发兴趣是学好英语的关键[J].散文百家,2018(11).

[68]张利丽.高职英语口语教学现状及对策[J].中国科技信息,2007(18).

[69]钟志贤.建构主义学习理论与教学设计[J].电化教育研究,2006(5).

[70]朱艳华.通过自我评估培养非英语专业大学生自主学习能力[J].黑龙江教育学院学报,2009(8).

[71]AlFally, I. The role of some selected psychological and personality traits of the rater in the accuracy of self-and peer assessment [J]. *System*, 2004(3).

[72]Bandura, A. Self-efficacy towarfd a unifying theory of behavior change[J]. *Psychological Review*, 1977(84).

[73]Edwin Gentzler. *Contemporary Translation Theories* [M]. London: Routledge Inc. ,1993.

[74]Harmer, J. *The Practice of English Language Teaching* [M]. London:Longman,1990.

[75]Hulstijn, J. H. A comparison between the information-processing and the analysis/control approaches to language learning[J]. *Applied Linguistics*, 1990(11).

[76]Littlewood, William. An Autonomy and a Framework[J]. *System*, 1996(4).

[77]Nunan, David. Designing and Adapting Materials to Encourage Learner Autonomy[A]. *Autonomy and Independence in Language Learning* [C]. ed. Benson, Phil and Voller, Peter. London:Longman,1997.

[78]Newell, A. *Unified Theories of Cognition*[M]. Cambridge, MA:

Harvard University Press,1990.

[79]Schmidt,R. The role of consciousness in second language learning[J]. *Applied Linguistics*,1990(11).

[80]Rita Dunn. *Teaching Students to Read Through Their Individual Learning Styles*[M]. NJ:Prentice Hall,1986.

[81]Stern,H. H. *Fundamental Concepts of Language Teaching*[M]. Oxford:OUP,1999.

[82]VanPatten,B. Attending to form and content in the input[J]. *SSLA*,1990(12).

[83]Wilkins,David A. *Linguistics in Language Teaching*[M]. Cambridge:MIT Press,1972.